万川
reflections

一步万里阔

拾荒

RAG AND BONE

A FAMILY HISTORY OF WHAT WE'VE THROWN AWAY

打捞出的英国工业文明史

[英] 丽莎·伍利特 —— 著　　李文远 —— 译

中国工人出版社

图书在版编目（CIP）数据

拾荒：打捞出的英国工业文明史 /（英）丽莎·伍利特著；李文远译.
— 北京：中国工人出版社，2021.9
书名原文：Rag and Bone: A Family History of What We' ve Thrown Away
ISBN 978-7-5008-7732-5

Ⅰ. ①拾… Ⅱ. ①丽… ②李… Ⅲ. ①工业史—英国 Ⅳ. ①F456.19

中国版本图书馆CIP数据核字（2021）第188082号

图字：01-2021-4329

拾荒：打捞出的英国工业文明史

出 版 人 王娇萍
责任编辑 董佳琳 邢 璐
责任印制 栾征宇
出版发行 中国工人出版社
地　　址 北京市东城区鼓楼外大街45号 邮编：100120
网　　址 http://www.wp-china.com
电　　话 （010）62005043（总编室）（010）62005039（印制管理中心）
（010）62004005（万川文化项目组）
发行热线 （010）82029051 62383056
经　　销 各地书店
印　　制 北京盛通印刷股份有限公司
开　　本 880毫米×1230毫米 1/32
印　　张 6.875
字　　数 150千字
版　　次 2021年10月第1版 2021年10月第1次印刷
定　　价 48.00元

目　录

序 康沃尔郡南部的兰萨罗村

在海藻中穿行了一段距离之后，我停下脚步，挺直身体，拨开一只“美人鱼钱包”（mermaid’s purse）的卷须。所谓的“美人鱼钱包”，其实是斑点猫鲨的卵鞘，它被昨晚的风浪吹到了岸边。卵鞘里面空空如也，我把它放进上衣的大口袋里。远处的海湾依旧波涛汹涌，我观察了一会儿空中飞翔的海鸥。它们在海浪袭来之前掠过波谷，然后高高飞起，沐浴在阳光照耀下的水花之中。除此以外，周围只有荒芜的海滩。我有条不紊地在成堆的海草中搜索着，从掌状红皮藻、昆布和糖海带中挑选自己想要的东西。海岸上的藻类失去了它们慵懒的优雅气质与晶莹闪亮的红色和琥珀色，仿佛被脱下的华服。

我在泰晤士河（Thames）河口的谢佩岛（Isle of Sheppey）海边长大，从童年起就一直在海滩上搜寻各类物品。起初，我主要收集一些旧瓶子，在房子下面的卵石滩寻找化石和鲨鱼的牙齿。然后，和现在一样，我会在退潮后的海滨线上寻找潮水带来的东西，也许是一只竹蛏，也许是一条鳐鱼的黑色角状卵鞘，并从这些线索中去想象那个陌生和神秘的海上世界。过了这么多年，我仍然觉得海滨拾荒就像是在寻宝，只不过现在我也会保留人造漂浮物，它们往往能引发我们的反思。

回到家中，我一般先把捡来的物品暂时放在壁架和窗台等区域晾干。就在我写这本书的时候，旁边书架的边缘上依次放着一块海绵、几只藤壶、一片塑料叶子、一个“聪明豆”（Smarties）糖果筒的盖子、一只峨螺壳，以及一件不明物体，我怀疑那是已经融化的走珠除臭剂。书架的暗处还有其他捡来的物件，它们可能已在那里放置多年，早就被我遗忘了。渐渐地，它们会被扔进那堆杂乱无序的化石、贝壳和布满灰尘的罐子里。

2 我20多岁时在伦敦当摄影师，但等我儿子满一岁，我们便把家搬到了康沃尔郡（Cornwall）。在这里，我无法像以前那样工作，于是我开始拍摄大海，并把冲洗出来的照片通过画廊出售。起初，我喜欢在暴风雨的日子里拍摄那些能够展示大自然力量的照片，部分原因是为了缓解长时间“带娃”的压力。正是在这段时期，我又重拾了一项童年爱好：海滨拾荒。在康沃尔郡海滩，我找到的很多物品都有点儿神秘。我开始研究它们，并寻找一切借口带孩子们去海滩玩耍。在悬崖边上，我让孩子们紧紧地拽住我的一只手，然后用另一只手拍照；当他们从海里浮出水面，我揉搓他们苍白的手指，直至恢复血色。我们一起探索海滩，把找到的物品带回家，并在网上和书中查找与之相关的资料。他们眼光独到，能发现一些我可能会错过的东西。我们住在房车里，或者和朋友们在海边露营。我记得，有一次我们住在一家青年旅馆，我儿子把一条死掉的扳机鱼藏在汽车引擎盖下，这样就不必把它放在我们房间里了（他在布满灰尘的引擎盖上写了个“鱼”字，提醒我们第二天早上先把鱼取出来，然后再驾车离开）。那时候，孩子们已经会把拾来的物品带到学校进行展示，讲述它们的故事，而他们的朋友也会收集一些被海浪冲上岸的动物骨头，装到袋子里送给我。

如今，我女儿已经11岁了。她仍然保持着海滨拾荒的习惯，且眼光依旧独到。如果她对某件事来了兴致，可能会坚持己见，且好胜心极强（小时候，如果她怀疑某些化石是“人为制造”的，她就会拒绝保留那些化石）。她很精明，善于察言观色，会从我的反应中判断她找到的某件物品是否具有交换价值。所以，她把她的藏品和我的藏品分开，她的床底下可藏着不少好东西。不过，今年是她读小学的最后一年，这种状况可能会有所改变。她哥哥今年14岁，很少和我们一起去拾荒。早在几年前，他就把自己收藏的石头转赠给我了，他对自己捡到的物品几乎毫无依恋，要么置之不理，要么直接送给我们。最近我时常在想：某些物品是否会悄无声息地消失？家里有个柜子，里面装的都是我早年捡来的物品，我越来越觉得这个柜子很珍贵。柜子自带玻璃门，里面是从当地跳蚤市场淘来的旧排版机托盘，托盘上摆满了平底试管，每支试管里装的都是孩子小时候在海滨捡到的物品，比如：几只贝壳、玩具泰迪熊的一只眼睛、少量沙子、一只海胆的内骨骼、一艘塑料小船。我还弄了一些纸条，写下了日期和海滩的名字，背面则写下那天发生的事情，然后把纸条卷起来，塞进玻璃试管里。然而，此后的数年里，我从未打开过试管看纸上写了些什么。试管用软木塞密封，透过玻璃，我几乎看不清自己用圆珠笔写下的潦草字迹。我只是想象着，若孩子们长大后再打开它们，那将是怎样一副情形？我是会记得纸条上描述的事情，又或者早已将它们遗忘？

如今，我住在康沃尔郡南部，那里离海滩很近，只要沿着长满树木的山谷走半英里，就可以到达海边。和往常一样，海滨拾荒最吸引人之处在于：到达海滩之前，我根本不知道会在那里找到什么。在夏季风平浪静的日子里，海滩上可能只有几块螃蟹蜕下的外壳或半透明的碎海藻。然而，若遇到前一天刮大风，汹涌的海水会在一夜之间给海滩带来巨大的变化。有时候，当我到达海滩时，会发现好几吨沙子被海水卷走，或者堆积在悬崖之下。更常见的景象则是海滩上到处都是海藻以及各种漂浮物，就像今天一样。在海浪的侵蚀下，漂浮物已变得残破不堪。我刚刚看到一只四分五裂的水桶和一只靴子、几个塑料瓶，以及一只钓箱的残骸。十多年来，我定期到这个海滩拾荒，并确认自己找到的东西是否符合预期，但是，我的任何期望都有可能落空。

4 我偶尔能从岩石中间发现一些不同寻常的东西。有一次，我发现了数百只蓝瓶僧帽水母（Portuguese man o'war），它们像慢慢漏气的气球一样散落在灰色的沙滩上，呈奇异的铁蓝色和粉色。还有一次，我看到一条闪闪发光的银鱼；甚至我还看到过几次水母的远亲——帆水母（by-the-wind sailors）残留的复杂骨骼，它们的帆状浮囊已经干硬，散落在海滨线上，还有些被大风吹到悬崖下。不过，在大多数情况下，我所看到的东西跟今天差不多，只有成堆的海藻和塑料，这些是暴风雨过后海滩上相当常见的物品。然而，海滩上也可能什么都没有。我不止一次地在暴风雨过后回到曾布满垃圾的海滩，结果发现前一晚的大潮已经席卷一切，收回了它所有的线索、宝藏和谴责。

我在一捆湿破布和钓线面前停下脚步，里面可能有粉色海扇珊瑚的残骸。我从一位朋友那里学会了查看这些东西的方法。和往常一样，我在里面发现了几块粉色海扇珊瑚。海扇是一种角状珊瑚，活珊瑚是生物的聚居地，它们有着雕塑般的美丽线条，其骨骼残骸看起来像经过抛光的细树枝。海扇珊瑚的生长速度极其缓慢，且非常脆弱，很容易在拖网捕鱼和清淤过程中受损。几十年来，海扇珊瑚一直被列入濒危物种红色名录（Red List）。它们的骨骼密度较高，一旦折断，就会沉到海底。在水流的拖曳下，任何下沉的破布和垃圾都会挂在它们的枝杈上，积聚成捆状物，从海床掠过。我见过各种各样被海扇珊瑚钩住的物体，包括拉链、珠串、鱼饵、太阳镜和腰带。我把这块海扇珊瑚上的杂物梳理开来，看看里面是否还有其他东西，结果发现只有碎布和钓线。于是，我把它扔进了随身带着的垃圾袋里。和往常一样，这是一个具有象征性的动作，因为接下来我还会扔掉很多东西。

在海藻堆中，我又发现了一块塑料瓶残骸，那是以特殊方式磨 5
损过的瓶颈。在这片海岸，类似物品很常见。我在附近居住了将近十年半的时间，为了了解这片海岸的季节规律、潮汐规律、当地的新物种以及塑料瓶的磨损方式，我花了很长一段时间去探索它。通常情况下，我发现的塑料瓶都经历了长时间的磨损，它们的瓶颈和瓶底都比较厚，因而得以保存。由于没有盖子把空气密封在里面，透明的聚乙烯瓶身无法漂浮起来，所以，像往常一样，这只瓶子被海浪和沙子冲刷。它可能被海水冲上岸，然后又被冲回大海，如此反复循环。我把它捡起来。在家里，我已经收藏了很多类似的瓶颈和瓶底，它们被磨损成透明的几何形状，让我联想到了浮游生物——也许这个比喻很恰当，因为塑料是石油的副产品，而石油是由数百万年前的浮游生物形成的。尽管我没必要再捡一只磨损过的瓶颈回去，但还是把它塞进了那个装着“美人鱼钱包”的上衣口袋里。

一个月前，就在那个小海湾，我发现了一样物品。起初，我还以为那是一具海鸥的尸体。它被海浪冲到一片海草上，身体下侧的奶油色羽毛朝上，在深色海草的映衬下，显得异常苍白。我走过去，看到了它的喙，才意识到这是一只管鼻鹱[①]。它的喙尖异常弯曲，如身体一般苍白，“管状鼻”是其最有辨识性的特征。

在英国，管鼻鹱与传说中的信天翁最为接近。这两种鸟同属管鼻科或“暴风鸟目”，其家族成员体型各异，既有小型的海燕，也有大型的漂泊信天翁。与其他暴风鸟一样，管鼻鹱几乎一生都在海上度过；它们管状鼻隆起的管状结构除了用于增强嗅觉之外，还可以在它们喝海水时排出多余的盐分。“管鼻鹱”一词来自古诺尔斯语[②]（Old Norse），意为“恶臭的海鸥”，指的是管鼻鹱有一种习惯：它会吐出恶臭的胃油，以此作为抵御天敌的手段。管鼻鹱的飞行距离较远，无法把整条鱼带回巢喂养雏鸟，所以，它们要把食物变成富含能量的营养物，以胃油的形式保存在胃皱襞里，待返回鸟巢时反刍雏鸟。与大多数海鸟不同的是，管鼻鹱很难反刍猎物那些难以消化的部分，比如骨头或乌贼的角质颚，以及任何被它们误食的垃圾。管鼻鹱只在海上进食，因此，科学家们几十年来一直在记录它们胃里的食物成分，作为衡量海洋塑料污染趋势的指标。

6 后来，我看了几部电影短片，讲述的是有人在北海（North Sea）海滩上发现了被海浪冲上沙滩的管鼻鹱残骸，并对其进行解剖。在实验室的白色长椅上，管鼻鹱小小的胃被放在玻璃皿里，这些胃有奇怪的凸起。研究人员用尖嘴钳把紧绷的胃膜刺穿，发现一

① 亦称“暴风鹱”。若无特殊说明，本书脚注均为译者著。
② 亦称古斯堪的纳维亚语、古挪威语。

个胃里塞满了棱角分明的塑料碎片，另一个胃则完全被塑料薄膜堵塞。他们小心翼翼地解开塑料薄膜，把薄膜的完整尺寸记录下来。研究人员还从一只管鼻鹱的胃里取出了一袋硅胶——就是那种包装在崭新电子产品里的硅胶，袋子上印着清晰的文字，“硅胶，禁止食用，请丢弃”。许多穿着白大褂的科学家聚在一起观看解剖过程，并在那里评头论足，还发出一阵阵毫无感情的笑声。

管鼻鹱把这些漂浮在海上的垃圾带回了陆地，所以，人们把管鼻鹱称为“前哨物种”。研究表明，如今95%的北海管鼻鹱的胃里有塑料，据估计，到2050年，99%的海鸟都将如此。还有人预测，到那时候，海洋里塑料的重量将超过鱼类的重量，而此时距离塑料这种革命性材料进入我们的日常生活仅一个世纪。管鼻鹱的胃本来就非常小，误食塑料后却膨胀到如此程度，看完整个解剖过程，我不禁在想：我们怎么会走到这一步？

我把自己最喜欢的物品带回家，放在玻璃橱柜里。起初，这些藏品以天然物品居多，而随着时间的推移，里面的人造物品越来越多。现在，除了海胆、鮟鱇鱼下颚骨和刀嘴海雀头骨外，橱柜里还摆放着两条乐高玩具龙和一只生锈的钢鞋头、半盘被海水磨损的磁带、一只赤裸的桌上足球运动员小人儿和一只白色的塑料海鸥。我最喜欢的另一样物品则是一段干瘪的海带，它的固着器仍然依附在一只高尔夫球上。

除了在海滩上发现的物品以外，橱柜下方的架子上还保存着我从泰晤士河的泥滩中淘来的物品。过去几年，每当退潮时，我都尽量去前滩[①]走走看看——由于我住在康沃尔郡，所以前往海滩的

① 前滩是指平均潮位到低潮线间的地带，在沙质海滩也被称为“潮间带”。

频率并不像我想象的那么高。在泰晤士河的泥滩中寻宝是可以实现的，因为汹涌的潮水正好穿过伦敦市中心，每次退潮后，部分河床会裸露好几小时。尽管泥滩寻宝与海滩拾荒有很多相似之处，但两者的差异也很大，而最大的差异莫过于泰晤士河的淤泥富含厌氧菌，是极佳的防腐剂。所以，我的橱柜藏品里现在又多了两块古罗马炖锅的边缘、一些中世纪的陶器、各种陶土管、一枚火枪子弹和一把17世纪或18世纪的骨梳。梳子在淤泥里保存得特别好，它的一面有细齿，可以把虱子梳出来，这种功能在当时很常见。骨梳的旁边斜靠着一把现代的塑料梳子，经过海浪冲刷之后，它大部分的梳齿已经脱落。

如今，我在海边和河边发现的废弃物品越来越多，它们所属的
7 年代相差了好几百年。为此，我要经常寻求一些亲戚的帮助。这些亲戚都姓托拉迪，是我母亲的娘家人，他们都当过清洁工和拾荒者。除了我外公这代人，我对他们几乎一无所知。但我想更深入地了解托拉迪家族，所以，最近我回溯了前几代人的信息，发现在1841年，他们住在伦敦市中心泰晤士河畔的沃特街（Water Street）。据我所知，后来几代人搬到了泰晤士下游河口，并最终搬到了海边。因此，对于希望花时间搜索海滩和前滩的我来说，这条路线极富诱惑力，它有许多潜在的拾荒地点，比如遍布伦敦维多利亚时代垃圾的溪岸以及我童年时代老家附近的海滩，海滩的悬崖脚下有大量20世纪80年代的垃圾，它们正在那里慢慢腐烂。

第一部分　泰晤士河

第1章

从沃平到南岸的泰晤士河段

虽然我在档案中查到了托拉迪家族，但我不确定还能找到多 13
少信息。托拉迪家族的所有人都会热情地谈论我那当过清洁工的外公，可似乎大家并不太想提及外公的父亲。他们根本不知道托拉迪家族来自何方。于是，我坐在电脑屏幕前，查询发黄的人口普查信息，追溯托拉迪家族的历史。我越思考就越意识到一点：这些年来，尽管我听过很多关于托拉迪家族的故事，但几乎所有故事都是由我外婆那边的家人讲述的。

我所看到的那代人的信息只有一张黑白照片，那是一个世纪前在萨瑟克区（Southwark）的一场婚礼上拍摄的。在我十几岁的时候，家里人给我看过一次那张照片，我只记得照片里的人物要么很矮，要么很高，站在一起给人一种奇怪的感觉。然而那张照片如今不复存在，随着我80多岁的外婆记忆力下降，她开始把照片中的人物一个个剪下来，而他们基本上都是我外公的家人。后来，当我问及那张婚礼照片时，才知道外婆已经把它剪成碎片。

发现管鼻鹱几个月后，我第一次步行前往沃特街。与托拉迪 14
家族见面前，我想在路上回忆维多利亚时代之前的伦敦历史。我之所以选择从沃平开始，家族渊源只是部分原因，最主要的原因还是沃平曾扮演着伦敦海上贸易中心的角色。我打算从沃平出发，沿着泰晤士河走几英里，到上游的沃特街，然后横跨泰晤士河，到南岸中段，并尽可能不离开前滩区。我希望从偶然发现的物品（比如人们丢失、遗弃或扔掉的东西）以及此前我在这片区域捡到的东西中，能够拼凑出某种印象，让我感受到伦敦这座城市是如何围绕着泰晤士河成长起来的。尤其是沃平，我想研究从15世纪到18世纪该地区的变化过程，此时正值工业革命的伟大转折点到来之前，全球贸易和殖民活动已经将英国与世界上的遥远地区联系了起来。

我脚上穿着长筒雨靴（这身打扮时不时引来路人的注视），乘坐地铁横跨伦敦，行走在沃平宽敞的街道上。街道两旁原本有许多仓库，后被改造成豪华建筑，遮挡住了阳光。当我来到通往沃平旧石阶（Old Stairs）的小巷时，它被阴影包裹着，仿佛一道分割线，将被阴影覆盖的建筑物和阳光照射下的河滩分割开来。沃平的早期定居者就在这片地势较高的狭窄地带安家，定居点的一侧是泰晤士河，另一侧则是低洼的沼泽地。从中世纪开始，沃平的居民就会用泥土建造河堤，防止洪水侵袭家园。据资料显示，1323年，定居点被“来自大海的强烈风暴”摧毁，后来得以重建；随着时间的推移，该定居点被称为“沼泽中的沃平”（Wapping-in-the-Wose，wose是中世纪英语，后演变为ooze，表“淤泥”或“泥沼”之意）。

当古罗马人选择了两座沙土丘作为定居点并将其命名为“伦底纽姆”（Londinium）时，这座城市南部和东部的土地仍然是一片泛滥平原。较之现在，那时候的泰晤士河更宽阔、水位更浅，是一条由众多蜿蜒穿过湿地、沼泽地的支流和溪流汇聚而成的主河道。从伦敦街道地下采集到的沉积岩心样本显示，当时还有一些不断变化的河心滩或河洲。如今，从伦敦一些行政区的古怪名字中，我们仍然可以看出它们曾是河洲的一部分。例如，伯蒙塞的旧称是“伯尔蒙德河洲”（Beormund's Eyot），据说那里曾属于撒克逊人伯尔蒙德伯爵（Earl Beormund）；以此类推，哈克尼区（Hackney）的旧称可能是“哈卡河洲”（Haca's Eyot）。作为中世纪的贸易和商业中心，伦敦城得以稳步发展，但其南部和东部较贫困地区的发展速度则要慢得多。

和其他地方一样，伦敦的河流就是这座城市最早期的“垃圾 15
箱”，因此，在散落着古代垃圾的前滩区，人们经常发现一些能够追溯这座中世纪城市历史的物品。到目前为止，我所发现的中世纪物品主要是陶器。相比罗马炖锅的光滑锅缘，这些陶器的质地较为粗糙，由黏土制成，而黏土中添加了磨成细块的贝壳、燧石或石英，以防止器皿在窑炉中烧制时破裂或炸裂。一些陶瓷碎片还夹杂着绿色的釉。在英国，最先普及的彩釉就是绿釉。从11世纪开始，泰晤士河滨的匠人就利用绿釉制作陶器。我非常喜欢自己淘到的一只中世纪晚期的“萨里（Surrey）白陶壶”手柄，它厚实的黏土手柄上刻有独特的刀痕，是为了防止手柄在窑炉的烧制压力下断裂。

当时，伦敦的住宅过于拥挤，人们的日常生活大多在街道上进行，导致街道非常喧闹、嘈杂，而且往往危险丛生。街道也很脏，人口的增长意味着城市的污物越来越难以处理。居民把大量废弃物和家庭垃圾扔到或倒在街上，这些垃圾通常会进入中央排水沟或房屋的排水管道。从12世纪开始，伦敦的街道就处于一片混乱，人们穿木质或金属材质的套鞋，以免踩到那些散发着恶臭的污泥。

随着伦敦的街道变得几乎无法通行，市政府开始了有组织的垃圾清运工作，清理污物和垃圾的重任落到了“清道夫”——后来的“街道清洁工”肩上。他们把垃圾收集起来，用马车运走。这些垃圾要么被倒入泰晤士河，要么被转移到所谓的“垃圾船”（gong boat，gong 源自古英语 gang，意思是“前往某个地
16 方”，还用于形容厕所和排泄物，而排泄物是中世纪垃圾的主要组成部分）。伦敦早期的公共厕所被称为“放松阁”（houses of easement），许多公厕位于泰晤士河岸边，所以潮汐每天会冲刷两次排泄物（根据资料，15世纪的一间“放松阁”有两排座位，每排有64个座位，一排供女士使用，另一排供男士使用）。还有些厕所坐落在泰晤士河及其支流的桥梁上，里面通常只安放着一块有洞的木板。

伦敦的河流不仅为城市提供了水源和电力，也是人们倾倒大部分工业垃圾的地方。渐渐地，随着原有的河岸渔业退出历史舞台，取而代之的是污染更严重的行业。在伦敦市中心，陶器作坊和染坊是最早的污染源，后者把用过的染液直接排入泰晤士河。当时，漂白布料要使用大量的酸牛奶和牛粪，还要把陈腐尿液中的氨水用作黏合剂。在中世纪，布料上的绿色染料由狗和鸽子的粪便和其他东西制成，其他常见颜色包括污褐色（Puke）和暗色（Sad）。后来，颜色范围扩大到老鼠色（Rat’s Colour）、马肉色（Horse Flesh）和鹅粪色（Gooseturd），以及呈浅灰褐色的“西

班牙亡魂色”（Dead Spaniard）。

随着伦敦城市规模的扩大，大部分污染性行业不断在河岸落户，包括瓦窑、啤酒厂、屠宰场、磨坊和制革厂等。其地点包括泰晤士河的支流，即那些“消逝的”河流。如今，泰晤士河的大多数支流都通过下水道流入地下。由于它们比泰晤士河的流量小，所以受污染的速度更快。其中，最众所周知的就是舰队河（Fleet）。13世纪，舰队河很深，形成了一条从泰晤士河到霍尔本（Holborn）的贸易路线。当时，舰队河两岸还矗立着两座修道院，它们的修士分别穿着白色和黑色连帽长袍，因而被称为“白袍修士”和“黑袍修士”。可到了1290年，白袍修士和黑袍修士都向国王请求治理舰队河的“腐烂气味”。他们写道，这些臭味“甚至盖住了乳香”，并“夺去了许多教友的生命”。

英国最古老的肉类市场——史密斯菲尔德（Smithfield）市场 17
是舰队河的最大污染源之一。该市场位于舰队河东岸，源源不断地“生产”着动物的尸体、血液和内脏。到了14世纪，因黑死病反复暴发，史密斯菲尔德市场的屠户们收到政府指示，要求他们把废弃物倒入舰队河，不能扔到街上。布丁巷（Pudding Lane）是屠户们倾倒动物内脏的另一条路线。当时，人们用马车把动物内脏从这条巷子运往泰晤士河时，一堆堆内脏从车上滑下来，布丁巷因此得名①。随着时间的推移，舰队河下游变成一条巨大的露天下水道，被人们称为“舰队沟”（Fleet Ditch）。这片河谷成为贫穷和肮脏的代名词，政府买下大片无人问津的廉价土地，用来建造监狱；到了16世纪，纽盖特监狱（Newgate）、布里德韦尔监狱

① pudding 一词最初的含义是“肉肠”。

（Bridewell）和舰队河债务人监狱拔地而起。由于被废弃物和垃圾堵塞，且工厂将河水引入磨坊，导致舰队河越来越无法通航，因此，这条河需要定期进行疏浚。从河床上挖出的淤泥中经常能发现许多可追溯到罗马和撒克逊时代的废弃物，包括箭头、匕首、十字架、酒神巴克斯（Bacchus）的小塑像等，这表明舰队河也跟泰晤士河一样，从一开始就是伦敦的“垃圾箱”。

在沃平旧石阶，幽暗的小巷一直延伸到通往河滩的阶梯。和泰晤士河边的其他石阶一样，沃平旧石阶靠近拉姆斯盖特镇酒吧（Town of Ramsgate）。1766年以前，这家酒吧被称为“红牛酒吧”（Red Cow），据说该名称源自酒吧女招待的头发颜色。我小心翼翼地从布满绿色水草的花岗岩阶梯往下走，阶梯的每一块石头都经过人们长时间的踩踏和河水的冲刷，变得非常光滑。

18 往下走到一半时，我看到有个人穿着长筒防水靴站在那里，从随身携带的瓶子里倒出咖啡。我们相互点头致意。从他身上挂着的铲子、金属探测器、鼓囊囊的帆布背包和金属筛子等装备来看，我猜测他是一名泥滩寻宝人（虽然有些寻宝人使用金属探测器，但大多数只使用泥铲，他们宣称自己“靠双眼寻宝”）。我手里只有一只手提袋、一瓶洗手液和一把应急用的餐刀（用来代替泥铲），感觉有点准备不足。我向水边走去，踩着湿滑的鹅卵石、河底的碎石、旧屋瓦、陶器碎片和木瓦板，走到泰晤士河的淤泥中间。

河滩上没有其他人，河面上也没有过往的船只。退潮后，泰晤士河没有任何船只航行的痕迹，水面如绸缎般丝滑，尤其是在那天早上，很难想象过去这些石阶周围充斥着怎样的喧嚣。过去，除了装卸货物，还有大量船夫聚集在石阶附近招揽生意，并大声叫喊：“上船喽！上船喽！”从16世纪开始，随着泰晤士河畔筑起越来越多的围墙，河岸的摆渡石阶数量逐步增加。很多人认为泰晤士河比伦敦市狭窄、拥挤、危险四伏的街道更安全，而这些石阶的作用犹如出租车候客处，乘客可以在指定的地方上下船，船夫也可以在那里接送乘客，非常安全。

此时刚退潮不久，我沿河边俯身走着，突然看到一处地方布满了船钉，于是蹲了下来。由于潮水刚刚退去，钉子上还沾着水，在清晨阳光的照射下，它们呈现出暗橙色、红色和蓝灰色。河岸的前滩还有几处类似的地方。潮汐只能带走密度较轻的垃圾和物体，即便过了几周或几个月，这些钉子也难以移动。然后，也许在某一天，一场随强风或暴雨而来的大潮会改变这一切。当潮水退去时，这些金属就消失了，在别处重新排列和安置，犹如魔术师挥动一下手掌，表演结束。

我没有动手把这些船钉刨出来，只是凝视着它们，缓慢、有 19
条不紊地来回打量，等待某些东西自动显现。通常最吸引我注意力的是某种有规律性的特征：比如某种边缘，或者某种图案、曲线，又或者某种类似于铅灰色的颜色。不过，那天我看到的大部分都是船钉。有些钉子是16世纪和17世纪遗留下来的，当时的造船厂离城市非常近。后来，由于伦敦市的规模扩大，造船业转移到泰晤士河下游地区。最古老的船钉是方形和锥形的，有些被淤泥保存得相当完好。我先捡起了一对钉子，然后又捡起了一对。我家里收藏的船钉已经够多了，但有时候，我还是无法控制自己，被它们的颜色、弯曲的姿态、经过精确锤打的钉柄边缘所吸引。每一枚船钉都由铁匠手工打造。铁匠先在铁砧上使劲地将钉子锤打成形，然后重新加热，把钉柄与钉帽连接起来。整个过程非常耗时，而从罗马时代到工业革命时代，制作船钉的流程几乎没有改变，这意味着这些钉子有足够的回收和再利用价值。

我把淤泥冲洗掉，发现那只是一个螺母垫圈，于是挺直了身体。河水几乎没有流动，由于上下游均无明显水流，我猜想这里已接近静水区了。那位装备精良的泥滩寻宝人不见踪影，我看到几英尺之外的淤泥里有一块新月形的浅色黏土，那是一只烟斗的边缘。我把手指伸进淤泥，略微扭动一下，看是否扭得动，结果发现它很牢固。这很好，说明它还有很大一部分埋在淤泥下面。整个烟斗被淤泥封住，埋在几百年前它遭遗弃的地方，也许它是被主人从码头或船上扔下来的。我扭了它几下，但它紧紧地卡在泥里。我又扭了它几下，发现烟斗壶完好无损。然而，烟斗柄是很容易折断的，它是否能保持完整呢？我慢慢地、小心翼翼地把它放回淤泥里。泥滩寻宝乐趣多多，而这种物件也许是最能给人带来满足感的。最后，烟斗终于摆脱了淤泥的束缚，它的品相并不完整，但斗柄相当长。

20 能在这个地方发现一把烟斗，我感到很高兴。托拉迪家族与沃平颇有渊源，因为我那当过清道夫的曾外祖父汤姆·托拉迪入赘了一个来自布鲁盖特菲尔茨（Bluegate Fields）的陶土管制造商家族。如今，布鲁盖特菲尔茨这个地方早已不复存在。它的名字听起来很美，但以前，那里其实是一座臭名远扬的贫民窟，位于烟草制品码头（Tobacco Dock）后面，围绕着“沼泽中的沃平”而建，房子下面就是干涸的沼泽地。到19世纪末，布鲁盖特菲尔茨变成犯罪和放荡堕落的同义词，并出现在奥斯卡·王尔德（Oscar Wilde）于1890年出版的小说《道林·格雷的画像》（*The Picture of Dorian Gray*）当中，小说的主人公道林自甘堕落，道德败坏，终日混迹于布鲁盖特菲尔茨的妓院和鸦片馆。

这把烟斗在淤泥中安然无恙地躺了数个世纪，我可不想现在就把它弄坏了。于是，我把它冲洗干净，用布包裹起来。虽然烟斗在泰晤士河前滩的大部分地方都很常见，尤其是断裂的斗柄，但能找到这样一把烟斗，我仍然觉得很满足。满足感主要来自两个方面：一是烟斗本身的美感，它的陶土坯表面覆盖着一层精致的白垩土；二是烟斗与历史产生了有形的联系。从烟斗壶的形状来看，这是18世纪的产品，可能是某个人抽了最后一口烟之后，就把它扔进了泰晤士河（也许是因为斗柄被焦油堵住了），三百年来再也没有人碰过它。它原来的主人很可能是一名码头工人或水手，他们往往故意折断长长的斗柄，扔掉被焦油堵塞的末端，或者直接用嘴叼着烟杆，腾出双手干活。有人曾对附近怀特查佩尔区（White chapel）一处墓地里的遗骸做过研究，发现许多头骨的门齿上都有槽口，这是吸烟者长期叼着陶土烟斗造成的，有些门齿甚至形成了近乎完美的圆孔。

我手上的这把烟斗被遗弃于18世纪，当时，泰晤士河的这段 21
流域已经是世界上最繁忙之地。伦敦成为大英帝国的门户和迅速扩张的商业中心，无数货物从加勒比海地区、非洲、印度、中国涌入伦敦，不仅满足了英国本土市场的需求，同时也被转运到海外市场。除了成千上万的摆渡船以外，泰晤士河上还有你能想象到的任何类型的船只，包括渔船、运粪船、运煤船、北极捕鲸船和商船等。当地的小商贩划着船在河面穿行，靠近那些停泊的船只，兜售五花八门的货物，包括食物、饮料、索具、衣服和“美女服务”等。卖酒的小贩一边摇着铃铛，一边售卖一种加热过的麦芽酒。与苦艾酒一样，这种酒也是用苦艾酿制而成，几个世纪以来一直深受水手和工人的欢迎。

由于海外贸易的快速增长，伦敦的码头越来越无法满足货运需求。货船别无选择，只能在泰晤士河的中段停泊，由体积较小的驳船将货物从大船运送到码头周围。操纵驳船要使用20英尺长的船桨，这项工作难度很大，驳船的船工必须具备熟练的技巧，尤其是在泰晤士河这段混乱的水道。交通繁忙时，船只延误、堵塞和碰撞等情况时有发生。泰晤士河究竟繁忙到何种程度呢？据说，有时候人们甚至可以踩着不同船只的甲板，从河的一边走到另一边。

我沿着河滩向西走，伦敦塔桥（Tower Bridge）和市区就在前方。我路过了几处私家路标和已经坍塌废弃的石阶，石阶上方的小巷已被人用砖墙封住。偶尔，我看到前滩老船坞和码头的遗迹，比如防波堤上堆着一些发黑的木材，它们曾被用来建造河岸仓库；还有一些白得出奇的鹅卵石，它们被原来的驳船停泊区的白垩土所腐蚀。过去，人们把白垩土装进袋子里，沉入河底，用来防止船只靠岸时陷入淤泥当中。

22 下到河滩后不久，我就捡到了一小块珊瑚。在沃平，珊瑚较为常见。这块珊瑚颜色暗淡，形状复杂，在泥泞的前滩区，它显得异常奇特。这是一种造礁珊瑚，原产于加勒比海温暖清澈的水域。和泰晤士河沿岸的许多珊瑚一样，造礁珊瑚很可能被用作商船的压舱物，后遭丢弃。商船高桅大帆，导致船体头重脚轻，为了防止船只在波涛汹涌的海上倾覆，需要大量的压舱物来保持平衡。若货物重量不足，商船就在货物的装运港收集砂石用作压舱物。从泰晤士河铲沙砾的人被称为“压舱物采集工”，而那些把压舱物搬到船舱的人被称为“压舱物搬运工”。

到了18世纪下半叶，伦敦海运贸易以惊人的速度增长。结果，伦敦的所有码头超负荷运转，商船等了好几个星期都无法卸货，货物很容易成为小偷盗窃的目标。高桅帆船最远只能行驶到伦敦桥（London Bridge），所以伦敦桥下游的这段河流变得臭名远扬，被称为“伦敦大水池”（Pool of London）。由于仓储能力不足，货物只能堆积在码头周围，而驳船船夫要负责货物的安全，为了保护货物，他们经常在船上睡觉。

泰晤士河上有组织的犯罪和机会主义犯罪活动激增。彼得·阿克罗伊德（Peter Ackroyd）在其著作《泰晤士：神圣之河》（*Thames: Sacred River*）中描述了许多“不同类型的小偷”：

> 小偷也分门别类，比如有随身携带武器的“河盗”，他们在夜里砍断驳船的船绳，等驳船漂到岸边或前滩再下手；有在夜色掩护下行窃的船工，被称作“夜盗”；有专门盗窃码头周围货物的“顺手牵羊贼”或“长衫贼”；还有所谓的“轻骑兵”，即监守自盗的大副和税务官，以及“重骑兵”，即靠盗窃捞外快的搬运工和工人。

随着伦敦的名声越来越臭，商船进入伦敦之前，会在泰晤士 23

河下游20英里处的格雷夫森德（Gravesend）紧锁舱门，或者用钉子把舱门封死。那时，沃平已然成为河盗和海盗犯罪的温床。1598年，约翰·斯托（John Stow）在其著作《伦敦概述》（*Survey of London*）中，将沃平描述为“处决海盗的地方，经常有海盗在那里被绞死”。尽管死刑码头（Execution Dock）的确切位置已不可考，但可以肯定的是，举行绞刑的绞刑架位于沃平的前滩，因为在当时的英国，最高水位线和最低水位线之间的土地由海军部而非英国政府管辖。成千上万的伦敦人去围观行刑过程，男女老幼站在河边，或者雇船去找更好的观刑角度。绞死海盗所用的绳子比平时短些，这样，他们就不会在坠落时扭断脖子，而是死于窒息，这种死法更加痛苦。按斯托的说法，海盗死后，尸体被人用锁链绑在一根木桩上，“木桩位于最低水位线，尸体就被遗弃在那里，经过三次涨潮之后，潮水会将尸体淹没”。随后，尸体被涂上沥青，悬挂在河边肉眼可见的绞刑架上，以提醒过往船只的船员不要胡作非为。

在高犯罪率面前，人们迫切需要更安全的商业码头，而随着新码头建设工作的展开，其前所未有的规模改变了泰晤士河周边的景观。到了1805年，与下游新建的东印度码头（East India Dock）和西印度码头（West India Dock）一样，位于内陆的沃平已被挖空，新码头可为多达300艘帆船提供泊位。这些码头周围建有50英亩的仓库，20英亩的酒窖，一个“羊毛制品交易大厅”和一间5英亩的烟草仓库。20年后，沃平码头附近的圣凯瑟琳码头（St. Katharine Docks）落成，是留存至今的伦敦老码头之一。圣凯瑟琳码头就位于我正前方河堤的一个缺口处，近年来经过重新开发，已改造成一座豪华游艇码头，吸引了越来越多的超级游艇停泊。1825年，为了给圣凯瑟琳码头让路，伦敦塔桥旁的圣凯瑟琳（St. Katharine's by the Tower）古街区被拆除，一同被拆除的还有伦敦塔桥阴影覆盖下的窄街和小巷，其中包括暗口街（Dark Entry）、猫洞街（Cat's Hole）和铁锹巷（Shovel Alley）。当时，这个方案备受争议，因为一万多名居民将被驱逐出他们居住的社区，其中大多数都是穷人，且政府没有给他们提供任何补偿款或其他生活物资。

居民遭驱逐三年后，新建的圣凯瑟琳码头开业，专门从事毛 24
料、茶叶以及丝绸和瓷器等奢侈品的交易活动。随着人们对具有异国情调的进口商品的需求不断增长，圣凯瑟琳码头还成了象牙制品、鸵鸟羽毛和活海龟的交易中心。当时，龟壳被冠以“玳瑁”的美名，用来制作梳子和茶叶盒；而在富人圈里，“龟肉宴”也获得了神话般的地位。若一只乌龟的外壳长度达到8英尺，人们就认为它的肉“有益健康”和“非常甜美”，将其作为绅士俱乐部私人晚宴的美食，能够体现出宴请者的气派和奢华。龟肉最初是商船水手航海时吃的食物，也是大英帝国的海上力量和无限可能性的象征。在龟肉贸易的巅峰期，每年有1.5万只绿色活海龟从西印度群岛进口到伦敦。这些伟大生物被猎杀到濒临灭绝的地步，其价格也稳步上涨。

当我的祖先们在布鲁盖特菲尔茨定居时，邻近的码头正人头攒动，热闹非凡。我们从19世纪的一些版画中可以看到，河边停满了帆船，密密麻麻的桅杆和索具如同森林一般，成群的工人正在装卸货物，码头上到处都是水手和工人，他们当中有索具装配工、修船工、木头装卸工、谷物搬运工和卸煤工。游客称，码头周围堆满了经过鞣制的兽皮、茶叶箱、布匹和橡胶，还有桶装烟草、桶装白兰地和葡萄酒，以及象牙、鲸须、龙涎香等各类商品。白糖漏了出来，使仓库地板变得黏稠；码头边的空气中弥漫着锯木的芳香以及咖啡、香料和朗姆酒的香味，还有皮草散发出来的恶臭（据说遇到浓雾天气时，年长的驳船船工光靠闻各种气味，就能在不同码头之间穿行）。布兰查德·杰罗德（Blanchard Jerrold）在其1872年出版的《伦敦：朝圣之旅》（*London: A Pilgrimage*）中，对伦敦码头进行了描述，并辅以古斯塔夫·多雷（Gustave Doré）风格阴郁的版画：

> 25 简直一眼看不到尽头！伦敦码头（London Docks）、圣凯瑟琳码头；还有商业码头，比如印度码头（India Docks）、维多利亚码头（Victoria Docks）；码头沾染了各种颜色，黑色来自煤炭，蓝色来自靛蓝，棕色来自兽皮，白色来自面粉，紫色来自葡萄酒，棕色则来自烟草！来来往往的人群让我们看不清面前的大仓库，货物被打包成捆，或者装在篮子、麻袋、木桶和马车里，数量之多，一眼望不到头……我们在忙碌的停泊区穿行着，穿过一包包、一捆捆和用草编袋装着的货物，穿过兽皮、破布、鹿角、矿石和染料木材。

彼时的伦敦，已经是世界上最大、最富有的城市。

一两个小时后，我全神贯注地在河滩的远端搜索着。就在这时候，河堤那边突然激起一阵水花和骚动。我抬起头，看见一个男人正爬过来，双膝湿透，怀里还抱着一只狗。

“天哪，”他如释重负地看着我，“我一脚踏空了。我是从‘惠特比酒吧’（Prospect of Whitby）掉下来的……以为前面还有路。”他把狗放下，摸了下它那湿透的脑袋，然后朝石阶走去。

潮水现在已经到达了石阶，并快速地涌上来。这段河滩逐渐变窄，河堤似乎也高了不少。河堤有一两层楼高，覆盖着绿色水草，从中能够看出泰晤士河潮汐水位的变化范围。虽然石阶是离开这里的捷径，可当你站在河堤旁边并且知道河水在一个小时之内就会高过人头时，内心总会感到些许不安。这也提醒着人们，伦敦市政府已经竭尽全力去管理泰晤士河。尽管当前连半潮水位都没有达到，但泰晤士河与刚才已有所不同。它不再平静和沉默，而是变得蠢蠢欲动。部分河堤离河中心较近，那里的水流越来越湍急，紧贴着混凝土河堤和石阶奔涌而过。

我看着河水慢慢上涨，淹没了河滩，浑浊的河水又掩盖住它 26
暂时显露出来的历史遗迹，河床恢复到原来的状态。这时候，一艘“河上巴士”驶过，激起一股水流。我急忙后仰身体，但冷水还是渗进了一只袜子里。是时候离开这里了。随着一阵阵波浪冲上堤道，淹没了较低的石阶，我也撤到了河堤的顶部。

我不想仓促赶往沃平，而是打算等到下一次退潮时再四处逛逛。不过，两次退潮的间隔时间长达12个小时，而且要到5月的时候，天才会足够亮。所以，那天傍晚，我坐在班克塞德石阶（Bankside Stairs）上喝着咖啡，等待着潮水退去，心里有些许不耐烦，因为我不想在天黑后到达沃特街。25年前，我第一次在前滩的这片区域寻宝；搬到伦敦后，我一直很怀念大海。几个月前，我找到属于我的第一块铅币。那里离石阶底部不远，铅币斜嵌在石头中间，只露出灰色的边缘。我缓缓地把它取出来，发现这块铅币已经磨损了，做工也很粗糙，只呈现出一点点我所希望看到的船锚轮廓。后来，我拜访了伦敦博物馆（Museum of London）的文物联络官（Finds Liaison Officer），他证实那是一块18世纪晚期的商业代币，从“锚链缠住锚杆”的图案风格来看，可确定其铸造于1787年或之后（锚杆上还有一根弯曲的绳索，自从绳索成为英国海军的象征后，在硬币上就变得很常见了）。如今，人们时常在泰晤士河里发现古代的商业代币。过去，每当英国缺少小面额硬币时，代币就会暂时性地进入流通领域。由于缺少零钱，日常交易难以进行，商人和店主最常用的解决方式就是使用他们自己铸造的代币。

27 由于代币只能用来交换当地的商品或服务，所以，现在它们通常可以在发行这些代币的商行附近找到，代币的设计往往也与特定的商行有关。博物馆的文物联络官告诉我，我捡到的那枚代币可能是由专门买卖远洋商品的人或一家叫“船锚”（the Anchor）的酒馆发行的。“船锚”酒馆离我发现代币的地方只有几百码远。虽然我不经意间路过这家酒吧很多次，但直到那时，我才开始想了解它的历史。

就像低洼地区的沃平一样，泰晤士河南段的河洲和乡村沼泽地比伦敦市的发展要慢得多，而且保留了与市区迥然不同的特征。从中世纪开始，萨瑟克区就一直不在伦敦的司法管辖范围之内，有着“无法无天的罪犯避难所”之称。班克塞德区尤其以它的妓院或娼寮而闻名。至于“船锚”酒吧，我了解到它坐落在一座老城堡的旧址上，而这座城堡的全称叫作“希望酒馆城堡”（Castle Upon the Hope Inn）。作为班克塞德区知名的妓院之一，这家酒馆拥有自己的码头，这样船夫就可以用摆渡船把市区的顾客接到那里。

几个世纪以来，随着伦敦的城市范围扩展到泰晤士河以南较贫穷的地方，人们逐渐把周边沼泽地的水排干，开垦出新的土地。我出生在兰贝斯区（Lambeth），那里距离泰晤士河弯曲处以西一英里左右。该区的沃特兰贝斯村（Waterlambyth）[①]和兰比斯马什村（Lambythmarshe）[②]的历史可追溯到中世纪，而从它们的名字当中，我们仿佛能看到那些早已消逝的风景。小时候，我在泰晤士河口的谢佩岛长大，从大人口中听说自己出生在“狮子将军旅馆”（General Lion Inn）。我总以为那是一家酒吧，就没有细究下去。然而，几年后，我发现母亲说的其实是“综合产科医院”（General Lying-in），“lying-in”是一种古老的术语，特指产妇分娩后卧床休息。实际上，“综合产科医院”是圣托马斯医院（St. Thomas Hospital）的附属产科机构。与该地区的其他医院一样，圣托马斯医院建在从泰晤士河边新开垦的土地上。所以，我是从泰晤士河那泥泞的前滩来到这个世界的，那时候的泰晤士河比现在更宽、水位更浅。意识到这一点，我感到相当高兴。

潮水已经退得差不多，我终于可以下河滩了。随着路人喋喋不 28
休的说话声和喧闹声从我头顶慢慢散去，我就这样轻易地离开了市区，内心有一种解脱感。由于潮水还相对较高，所以我先前往

---

① 即“河畔的兰贝斯”之意。

② 即“沼泽中的兰比斯”之意。

滨线，泰晤士河在那里留下了大量现代的、古代的和充满神秘感的物件。今天，我在有数百年历史的皮革和骨头堆中发现了一个塑料咖啡搅拌器、一块被沙子覆盖的电路板和一只银色的小气罐（有那么一段时间，我经常发现这种气罐。我最近了解到，它们是用来装“笑气”的。虽然笑气的正当用途是搅拌奶油，但如今，它成了英国泛滥的第四大毒品）。

我沿着滨线上潮湿的漂浮物带慢慢走着，到达尽头之前，我看到了一样以前发现过的东西。那是一块骨头碎片，边缘呈扇形，有着深深的凹陷。它是人们手工制作骨纽扣或骨珠时留下的废料，非常独特。我翻找手提袋，想找出之前发现的一枚毫不起眼的纽扣，我把它扔进袋子里的时候，还不确定它到底是骨头还是塑料，但现在我能看得出来它是骨头做的。其表面光滑，而且有磨损痕迹。我觉得它来自一件厚重的外套，经过反复地系扣和解扣，纽扣变得光滑。在我看来，这些被手指磨损过的旧纽扣能唤起人们对过去的回忆。过去，人们把旧衣服上的纽扣剪下来，多次重复使用，这种做法很常见，一些习惯小心翼翼保存衣料的穷人尤其如此。所以，这枚骨制纽扣虽然不起眼，但它很可能被连续用在好几代人的衣服上。

29 我把那颗纽扣贴在切口上，骨头的切口位置有许多半圆，每个半圆都是切割纽扣后留下的空间。从中世纪晚期开始，纽扣的制作技术几乎没什么变化，直到19世纪，人们才开始用机器制作纽扣。因此，这些切口不可能是现代的，它们的内部曲线非常光滑，我为当时人们制作纽扣的手工技术感到惊讶，与我看到沃平的船钉时是一样的感觉。

骨制品在前滩很常见。除了用途广泛和易于获取之外，骨头还可以抛光成类似象牙那样较为昂贵的材料。多年来，泰晤士河的泥滩寻宝人发现了各种各样的物件，包括新石器时代的鱼钩、罗马时代的发夹、维多利亚时代的牙刷和一套漂亮的中世纪“灌铅”骨制骰子。我个人最喜欢的物件之一就是存放在家中橱柜里的骨梳。

最近，我又去拜访了伦敦博物馆的文物联络官，带去一块不起眼的扁骨，心想着联络官可能会对它感兴趣。他指出骨头上我几乎看不出来的一些细痕，说这和他在看别人制作鲸骨胸衣时的废料相类似。“骨制品，”他接着说道，“就相当于那个时代的塑料制品。”

骨头是屠宰牲畜后的廉价副产品，不仅轻便坚固，而且易于加工，所以被广泛用于制作各种物品。而如今，它已被塑料所取代。

我从水边潮湿的石头带出发，沿着河滩继续往下走。在傍晚的阳光照射下，它们展现出丰富的颜色。我四处闲逛着，尽量不去寻找任何特定的物品，而是等待某样东西吸引我的眼球。经过潮汐的不断冲刷整理，这片闪闪发光的河滩既充满了魔力，也偶尔会令人失望。过去，游船常在河上驶过，正当我伸手去触摸某样东西时，它们的尾流就会涌上河滩，把那个东西冲走。有时候，它离我的手指尖只有咫尺之遥；还有些时候，某件物品只是惊鸿一瞥，便立刻消失不见——或许那件物品只是我一厢情愿的想象，而非真实的存在。当波浪退去时，它就变戏法似地消失不见了；又或者，它只是翻转了一下，便再也难觅踪影。

但我发誓，这次我真的看到了一个假发卷发器。我伸手去抓 30

它，可为时已晚。褐色的泰晤士河水冲刷着我的胳膊，浸湿了我的袖子；满载乘客的游船朝泰晤士河下游驶去，冷水渗进了我的另一只袜子。河滩上没有留下任何假发卷发器的痕迹，甚至连类似物体的迹象也没留下。那也许是一小块燧石，或者一只陈旧的浅色烟斗壶。我以前就犯过这种错误，把旧烟斗壶当作了卷发器，因为卷发器和烟斗都用同样的细黏土制成，但与烟斗相比，卷发器很不常见。众所周知，这种卷发器用于卷出精美的扑粉假发。人们常把扑粉假发视为乔治时代（Georgian Era）的特有产物，也有人对其加以讽刺。

那次失败后，我在前滩发现了纽扣，尽管它们只是用来装饰长礼服的普通纽扣。但就算是较为华丽的乔治时代的服饰配件，也会被泰晤士河的泥浆侵蚀。有时候，人们会在泥浆中发现一些银质或镶嵌着宝石的袖扣、纽扣或鞋扣，伦敦的贵族用这些饰品来炫耀自己的财富。不过，更为常见的还是较便宜的仿制品，它们看上去同样华丽，但材质变成了白镴或黄铜，再嵌入由彩色玻璃制成的“浆料石”。18世纪，随着中产阶级的发展壮大，伦敦社会的等级分化加深，社会流动性加大，这令传统阶层感到不安。于是，拥有和穿着名贵的服饰和配件变得越来越重要，也是一个人身份地位的象征，即使这种地位是刚刚获得的。

31 人们把越来越多的时间和金钱花在休闲和培养时尚生活习惯上面，一系列新的消费形式应运而生。伦敦人喜欢借助吸烟体验“干醉”（dry drunk）[①]状态；此外，通过与美洲新大陆（New World）的贸易活动，他们还接触到了富含咖啡因的咖啡（“他们

① 干醉指虽然没有饮酒但表现出醉酒体征的状态。——编者注

那些傻子才喝的烟灰色肉汤[1]”）、热巧克力和茶叶。到乔治时代，咖啡馆已经流行了一段时间，但喝茶正成为新的风尚，而且这股热潮不久后将席卷这个国家。起初，很多人担心这些充满异国风味的新式热饮会令人上瘾。当时的一本小册子将喝茶描述为“最坏的习惯之一，让人迷失自我”，并声称“放荡的女人”和“道德堕落、身体虚弱的男人”才会经常光顾茶馆。然而，富裕家庭的茶叶消费量却有增无减，女性群体尤为如此。此外，品茶还要用到各种各样的茶具。精致的茶杯（18世纪中期以前，茶杯是不带把手的）放在银茶盘上，旁边是华丽的茶壶和优雅的银制容器，容器里装着价格昂贵的糖——那时候，糖是一种奢侈品，主人将糖作为炫耀的资本。茶叶本身也价值不菲，起初，人们把茶叶锁在茶箱和时尚的象牙或玳瑁茶叶罐里。

中国瓷器是最受英国人欢迎的茶具。与做工较为粗糙的欧洲陶器相比，中国瓷器的质量极佳。它非常精致，在灯光的照射下呈半透明状，“敲击时则会发出清脆的声音”。瓷器随茶叶和丝绸从中国进口到英国，中国人把瓷器制作配方和生产流程当作国家机密，从不向外透露，外国商人不得靠近工匠制作瓷器的区域。伦敦人越来越富有，他们对这些东方奢侈品的需求也持续上升，然而中国人没有兴趣购买英国商品。相反，他们希望英国人用白银购买中国商品，对英国而言，这就意味着贸易逆差。东印度公司（East India Company）提出的解决方案是强迫印度的农民种植鸦片。随后，英国人把鸦片走私到中国，以换取中国的白银，并赚取丰厚利润。然而在当时的欧洲，人们很清楚鸦片成瘾是件多么

① 原文为 Ninny-broth，是专指咖啡的俚语。——编者注

恐怖的事情。

32 东印度公司对进口商品实施垄断政策，导致茶叶价格高昂，起初也只有富人才喝得起茶。然而，从18世纪20年代开始，茶叶价格开始下跌，普及程度也有所提高。为了给大英帝国创造利润，英国政府和业内人士大力推广茶叶，把喝茶宣扬成一种文明和爱国的习惯。为了从茶叶日益高涨的人气中获益，英国政府也开始提高茶叶税。到了1750年，茶叶税的税率高达119%，极不合理。为此，一个规模庞大的茶叶走私行业发展壮大，在茶叶走私的鼎盛时期，走私者借助精良的武器装备，将茶叶从欧洲运到英格兰南部和东部沿海。与如今的非法毒品一样，当民众买到走私茶叶时，往往发现它早已被人掺假，里面有晒干的柳树叶、干李树叶和白蜡树叶，或者是经过重新干燥的二手茶叶。不过，劣质茶叶也降低了走私茶叶的价格，再加上后来政府降低合法进口茶叶的税率，工人阶级终于能够消费得起茶叶了（他们通常把大量的糖倒入茶汤中，边吃面包边喝茶，这种组合成为热餐的廉价替代品）。

到了19世纪40年代，英国社会各个阶层的人都爱上了喝茶，而此时托拉迪家族已在沃特街定居。在新的工业化时代，喝茶被视为一种受人尊敬和健康的习惯，工厂主尤为重视喝茶，他们希望工人能通过喝茶保持清醒的头脑。工作休息之余，人们把茶叶放入银茶壶中泡制，或者用罐子放在火炉上烹煮，把这种异国风味的叶子变成苦中带甘的饮品。茶叶俨然成为英国人国民身份的一部分，正因为如此，我在河滩捡到了不少能够反映出英国人一两百年前喝茶习惯的物品。比如：优雅的中国陶瓷茶杯把手、一个银糖罐的盖子（盖子上有一条窄缝，用于放置银勺）、一只生锈的搪瓷茶壶，以及几把失去光泽的茶匙（在18世纪，茶叶和糖的价格下降，茶匙的尺寸也随之增大，从大汤匙尺寸的四分之一增大到三分之一）。

现在是周五晚上，泰晤士快艇（Thames Clippers）已经倾巢 33
而出，它们经过时留下的尾流朝河滩涌来。虽然尾流有时会令人感到无奈，但我偶尔也能从中找到一些乐趣。在浪花拍打柱子和浪涛回流时拖动石头的阵阵声音中，总会散落着一些清脆的高音符。我现在仍记得自己是从何时开始注意到它们的，因为此前我从未在海滩上听到过类似的声音。听着前滩随波涛退去而逐渐消散的声音，我猜想那是骨瓷撞击燧石和碎玻璃时发出的叮当声。回到家里，我把捡来的物件放在一大盆水里，用手搅动一番，这才意识到那是陶土管发出的悦耳高音。

现在，袋子里装了几段被河水磨损过的烟斗柄，由于常年埋在淤泥里，它们呈现出淡淡的灰色。除了烟斗柄之外，还有几只形状相差较大的烟壶。在300年的时间里，烟壶广受英国人欢迎，其外观设计也逐步演变，所以我基本上可以确定陶土烟管的制作时间。也就是说，英国文化和经济变迁的信息隐匿于被淤泥完好保存着的陶土烟壶的曲面线条里。在数百年的商业资本主义和工业化过程中，整个英国都经历了这些变迁。

当烟草首次被引入都铎王朝（Tudor）时期的英国时，这种商品是非常稀有和昂贵的。所以，最早期的烟斗（可以追溯到1580年左右）个头很小，被称为“小精灵烟斗”。就像我之前发现的17世纪的烟斗一样，改进后的烟斗都配有一个小小的、球根状的烟壶。富人们把抽烟称为“喝烟”，据说，他们喜欢几个人聚在一起，轮流传递着烟壶，吸食里面的烟草。在接下来的一个世纪里，烟草贸易大幅增长，烟草价格下降，烟壶的尺寸也随之变化，它们变得更长、更优雅，有些烟壶还有窄窄的梭尖。1680年至1700年，英国共生产了数百万只烟壶，制造商通常是小型家族企业（穷人也用得起烟壶之后，富人就转而使用法式鼻烟了）。随着罪恶的轧棉机面世，工业制品的生产效率大幅提升；烟壶的内壁也变得更薄，设计变得更加精美。那天，我找到的烟斗都很普通，其他物品也都是用模具制成的，包括人造人类头骨、斜躺的女性塑像、非洲人脸谱和戴头巾的土耳其人头塑像。

34 19世纪，我的男性祖先都是制作烟斗的手工艺人，他们的妻子则是“烟斗修整工”；而此时，工业化正悄然改变这门职业，规模较小的家庭作坊相继倒闭，烟斗的生产逐渐被大型工厂垄断。在泰晤士河中发现的大量陶土烟斗表明，对当时那几代人来说，烟斗基本上是一次性用品。商家通常用烟斗来做促销，酒馆卖烟草时，把烟斗当作赠品。消费者只用这些烟斗抽几次烟，甚至可能只抽一次烟，就把它们扔掉了。可以说，这些漂亮的烟斗就是我在前滩发现的塑料瓶和塑料叉子等一次性用品的鼻祖。

正如烟壶尺寸变大一样，大量被丢弃的陶土烟斗也反映出烟草价格的大幅下降，而这源自美洲种植园实行了奴隶制。我在沃平的前滩还捡到了另一样东西：一只黄宝螺的贝壳。黄宝螺的贝壳也被称为“贝币”，之所以有这样的称呼，是因为黄宝螺贝壳曾经是世界各地使用的一种货币。据说，还有一种螺是18世纪表述“货币”的俚语spondoolicks的起源，该螺的学名叫海菊蛤

（*Spondylus*）。黄宝螺并非原产于英国，它们之所以出现在泰晤士河，是因为西非民众把黄宝螺贝壳当作“硬通货”使用。18世纪，黄宝螺贝壳是英国的主要进口商品，商人们从印度洋的岛屿和环礁上大量收集这种贝壳。在运往英国的途中，它们不仅被用作压舱物，还被用来填充中国瓷器等易碎物品的空隙处，其作用相当于如今的聚苯乙烯填充物。

然后，英国的商船将大部分黄宝螺贝壳运往非洲，那里是奴隶贸易三角航线的第一站。这些船只还运载布匹、铁条、白兰地酒、烟草、枪支和弹药等任何可以用来与当地商人和代理人进行易货贸易的物品。到达西非后，进口货物被用来交换黄金、象牙和奴隶。18世纪中期，25000枚贝币可购买一名非洲奴隶。这些奴隶大多是中间商用武力袭击内陆定居点后俘虏而来的。他们戴着手铐或脚镣，被人塞进船舱，踏上惨无人道的“中段航程”，在海上漂泊好几个月，有时要四个月或更长时间，且时常遭遇恶劣天气。船舱的环境非常恶劣，多达五分之一的奴隶会在航行途中死亡。到达加勒比海的新大陆后，奴隶贩子将那些幸存下来的奴隶卖给种植园主，以换取朗姆酒、糖和烟草。

到了18世纪，越来越多的奴隶被卖到糖料种植园工作，因为 35
有着“白色黄金”之称的白糖已然成为英国最有价值的商品。在《糖业大亨》（*The Sugar Barons*）一书中，马修·帕克（Matthew Parker）讲述了远离英格兰家乡，生活在加勒比岛屿上的殖民者的故事。在那里，他们赚取了自己无法想象的巨大财富。一些去过加勒比群岛的访客震惊于殖民者骄奢淫逸的聚会、奢华的服装、纸醉金迷的生活以及对奴隶的残酷虐待。

在甘蔗地和煮糖车间里，非洲奴隶从事着既繁重又危险的工作。艰苦的海上旅途已经让三分之一的奴隶失去生命，而到达殖民地后的三年内还会有三分之一的奴隶死亡。他们要经受残忍的惩罚，这些惩罚往往带有侮辱人格的性质，包括严厉的鞭打、砍断四肢和处决。刚从英国来到加勒比群岛的访客会惊讶地发现，奴隶们被吊在绞刑架上，饥肠辘辘，面前挂着一块面包，手却够不着；又或者，奴隶被斩首后，他们的头颅被悬挂在木桩上，以儆效尤。不过，如果这些新来的访客留下来，他们通常会适应这种环境，并逐渐认可当地实行奴隶制的所谓正当理由，即奴隶制对某些产业的经济结构至关重要；此外，某个种族“天生低人一等”，他们“不是完整的人类”。

我捡来的另一件物品显示，伦敦的许多炼糖厂曾经用模具把滚烫的原糖提炼成精制糖，然后进入伦敦富人家庭，成为他们喝茶时用于炫富的资本。我拿出那枚相当不起眼的赤陶土圆环，伦敦博物馆的文物联络官看了一眼，说那是17世纪制糖模具的出料孔。他说，制糖模具呈圆锥形，高高矗立着；他还说，商店里出售的精制糖都是棒状的。

36 到了18世纪，糖业和烟草行业的规模愈加庞大，导致大多数英国投资者和商人都或多或少参与到奴隶制当中，这也就意味着糖业和烟草行业的游说团体在政府内部拥有强大的势力，所以，尽管英国民众的反奴隶制运动从18世纪80年代起便日渐高涨，但在利益团体的游说下，奴隶制的废除又推迟了几十年。截至1833年《废奴法案》（*Slavery Abolition Act*）通过时，奴隶贸易已经导致1100多万非洲人受到奴役，并导致大约400万人死亡。它使非洲大陆满目疮痍，破坏了非洲国家的稳定，导致战乱四起。

天开始变黑。我担心自己在到达沃特街之前天就完全黑了，于是朝最近的台阶走去。走到一半时，我停下脚步，翻看白天找到的物品，想确定那块珊瑚和贝币是否还在。它们还在袋子里。我站在那里，望着远处正在消退的潮水，仿佛看到了它们和其他手工制品从清澈的热带海域来到泰晤士河泥的泞河底的整个生动过程。在大英帝国大肆扩张和海上贸易突飞猛进的那几个世纪里，英国发生了翻天覆地的变化，新生的中产阶级尤为如此。他们的生活方式和市场上可以购买到的商品，都发生了巨大的变化。换言之，在当时，越来越多的人开始向往最时尚的商品，比如瓷茶壶、象牙手柄的刀叉和玳瑁茶叶盒；而伦敦人尤其如此。从前滩的碎石瓦砾中，我们可以看到，英国将得天独厚的地理环境、帝制政体、奴隶制和煤炭储备结合在一起，使自身处于前所未有的消费增长最前沿。由于大英帝国的声望和它赚取的大量金钱，我们很容易忽视规模化生产和远洋贸易所带来的人力和环境成本，比如惨无人道的奴隶制、殖民掠夺、滥捕滥杀导致的物种濒临灭绝等。我把那枚货贝擦干净，放在手掌里。它冰冷、坚硬、带有光泽，透着沉甸甸的历史厚重感。

第2章

从南岸到沃特街的泰晤士河段

41 我走近坐落于泰晤士南岸的国家剧院（National Theatre），沃特街就在这座混凝土结构建筑的正对面，中间仅隔着一条古铜色的宽阔河流。虽然附近的另一条街如今也有同样的名字，但我看到的早期地图显示，当1841年托拉迪家族在那里居住的时候，它就从泰晤士河河滨一直延伸到河岸街（Strand）。现在，隔着泰晤士河看沃特街，那里的大部分区域都是在建的街区。随着建筑工人一周的工作结束，城市建设暂告一段落。巨大的塔吊匍匐在屋顶上，长长的起重臂没有转动，从远处看显得很纤细。

这是我第一次尝试寻找沃特街，但回到康沃尔郡以后，我一边等待白昼时间变长，一边开始研究这片地区。19世纪40年代，它位于古老的圣克莱蒙-戴恩斯（St. Clement Danes）教区。该教区如今早已不复存在，其名字来自水手的守护神和撒克逊人撤离后在此定居的维京人。从中世纪开始，河岸街一直是圣克莱蒙-戴恩斯教区的主要街道。河岸街的英文“Strand”源于古诺尔斯语“Strond”，意为“河滩”，因为河岸街最初是泰晤士河河岸的一条小路，那时候的泰晤士河比如今更宽阔。早在12世纪，河岸街两旁就矗立着许多宅邸，都是公爵、主教和伯爵们建的连栋别墅。到了19世纪40年代，贵族们已经搬到了伦敦西区（West End），街道两侧保留了乔治时代的连栋别墅、酒馆和店面，街上则挤满了出租马车、运货马车和畜力公交车。

10分钟后，我站在连接现代伦敦城两岸的滑铁卢桥（Waterloo 42
Bridge）上，这样更容易想象圣克莱蒙-戴恩斯教区过去的模样。和伦敦市的其他地方一样，圣克莱蒙-戴恩斯教区主要街道两侧的建筑物正面显得富丽气派、令人赞叹，它们的背后却隐藏着密密麻麻的“老破小”住宅，那是几百年来形成的犹如迷宫一般的短街和小巷。随着工业化速度加快，伦敦人口不断激增。1700年，伦敦只有50多万居民；到了1800年，其人口已经翻倍，达到了100万；到1841年，人口又翻了一番，成为世界上人口最稠密的城市，而在此之前，没有任何一座城市能在30英里的范围内容纳200多万人口。

新增长的人口主要由英国其他地方的移居者构成，这些移居者大部分来自农村。除了高薪工作的吸引力，圈地运动也加快了人口增长的速度。过去，英国实行开放式农耕制度，佃农在公用的土地上劳作和生活，而圈地运动终结了这种古老的制度。每一年，成千上万的农民来到伦敦，在城市里寻找工作和“改善生活”的机会，年轻人尤为如此。据说，在1707年，对于英国家庭的任何年轻人来说，只要“拥有异于常人的漂亮外表、智慧、勇气、勤奋或其他非凡品质，伦敦就是他们扬名立万的地方”。

虽然工业化给少数人带来了不断增长的财富和好运，但对多数人来说，现实并不像他们所期待的那样美好。他们往往只能找到一些临时的工作，毫无保障可言。每天清晨，码头上都有成千上万的临时工排队等待，只为了获得一天或半天的工作，而绝大多数人都被雇主拒之门外。人们在离开农村老家时，也失去了由家庭或教区提供的支持保障网络，更容易变得一贫如洗。在圣克莱蒙-戴恩斯的贫民窟里，穷人们看不到河岸街繁华的商业，只能生活在极度拥挤和肮脏的环境中。

43 随着延续了数百年的重商主义让位于工业化，人力成本和环境成本也越来越高。工业革命带来了新式能源和新的资本形式，并导致人口以极快的速度增长。然而，维多利亚时代早期的伦敦仍然在依靠伊丽莎白时代的公共基础设施运转，尤其是利用现有设施处理人口激增后所产生的大量垃圾，对社会产生了极具破坏力的影响，甚至影响到人们的生活方式和死亡方式。在对托拉迪家族的居住地进行深入了解之后，我就更加理解这些影响有多大了。

现在是周五晚上，交通异常拥堵，我从堵塞的汽车旁经过，能够清楚地看到桥下的维多利亚堤岸（Victoria Embankment）以及停泊着观光游艇和私人游艇的现代化码头。我花了一小段时间才找到托拉迪家族在那里定居时的河滨界线。

起初，随着伦敦人口增长、土地增值，河堤不断向泰晤士河的中心推移。人类对泰晤士河的每一次蚕食都导致河流越来越窄，水位越来越深，河水流速越来越快。维多利亚时代新修的路堤给河岸带来了很大变化，因此，我不得不找来18世纪和19世纪的几幅详尽版刻地图加以研究。我最喜欢登录大英图书馆的网站查找资料。在网站上，我可以将现代地图覆盖在旧地图上，再拖动屏幕上的滑块，就可以在现代地图和旧版地图之间实现无缝切换，既好玩又有趣。我一遍遍地切换着地图，时而快，时而慢，看着地图上现代城市流畅的线条慢慢消失，古老的街道重现眼前。

泰晤士河不断变化的河岸令人特别着迷，带领我们回到两个世纪前。那时候的泰晤士河比现在宽阔，两岸也没有道路、河堤和轮廓鲜明的现代化办公大楼；在某些地方，旧的河岸位于如今内陆150米处。从维多利亚时代早期的绘画中，我们可以看到泰晤士河有一片坡度平缓而泥泞的前滩，河两岸到处是摆渡用的石阶。在1799年的地图上，有人用优雅的字体在河面标注出石阶的名称，比如“腌鲱鱼石阶”（Pickleherring Stairs）、“马蹄巷石阶”（Horse Shoe Alley Stairs）、“狗鸭石阶”（Dog & Duck Stairs）、“山羊石阶”（Goat Stairs）等。“阿伦德尔石阶”（Arundel Stairs）位于沃特街下方，在中世纪，它服务于泰晤士河畔的阿伦德尔宫（Arundel House），那是巴斯主教（Bishop Bath）和威尔斯主教（Bishop Wells）居住的连栋别墅。然而，到了19世纪40年代，这些石阶已经被煤炭运输码头所包围。

托拉迪家族有几代人都是以清洁工或送煤工为职业。在追 44
溯了家族的历史之后，我惊讶地发现，在1841年，我的曾外祖父威廉·托拉迪（William Tolladay）就住在河岸街，他的职业是一名图书装订工。得知这个信息后，我找到那一年的人口普查报告，仔细翻查斑驳的书页，追溯“人口普查员”沿邻近街道前往河岸街的活动路线。他用充满自信的斜体字记录了这条街上的店主姓名，包括糖果店老板、帽匠、烟草零售商、裁缝等，然后返回隐藏在河岸街背后的河畔街道和小巷，而那里正是托拉迪家族的居住地。当时，人们通常住在工作场所附近，托拉迪家族在沃特街的邻居从事各种职业，比如船夫、驳船工、女帽销售商、煤商和煤炭搬运工。

至于沃特街，我找不到任何与之相关的图片，但米尔福德巷（Milford Lane）可作为参照物，而且这条巷子似乎吸引了更多关注。19世纪的一幅绘画作品和一幅版画作品，描绘了房屋背面的一条阴暗的鹅卵石街道、冒烟的烟囱，还有一处通往河岸街的狭窄入口。我从资料中得知，到17世纪，米尔福德巷已成为很多欠债之人躲避债主的藏身之地。我还发现，一些参考资料提到了米尔福德巷的妓院［多塞特伯爵（Earl of Dorset）写过一首关于米尔福德巷的怪诞诗歌，讲述了一名妓女阴毛里的“虱子大军”之间的战斗］。大约在同一时期，约翰·斯特赖普（John Strype）将沃特街描述为车水马龙之地，“马车从河边码头运送煤炭和其他货物……因此，那些古老的建筑无人居住”。

45 托拉迪家族在沃特街定居时，类似的煤炭运输码头已经遍布整个伦敦，泰晤士河上随处可见发黑的双桅帆船和驳船，它们把煤炭从英格兰北部运到伦敦。18世纪，燃煤蒸汽机的发明成为人类历史的转折点。数万年来，我们的力量主要来自肌肉，包括人类肌肉和牲畜肌肉，但使用肌肉的人和动物需要进食，其力量受限于可种植食物和饲料的土地以及周而复始的光合作用。然而，从地下开采出煤炭、石油和天然气之后，我们得以释放出化石燃料所蕴藏的能量。这些都是数百万年前生物通过光合作用捕获到的太阳能量，比如：煤炭来自腐烂的植物体，石油和天然气则来自浮游生物和其他漂移到古代海床的海洋有机体。随着蒸汽机的发明，我们摆脱了上述限制，利用生物体捕获到的太阳光来完成几十匹马才能做的工作。这种能源使用上的巨大转变引发了工业革命，推动了技术、经济和社会的彻底变革。

到了19世纪40年代，蒸汽机迅速普及，这意味着煤炭的需求越来越大。越发强劲的发动机和新机床给工业生产带来了前所未有的增长，吸引大量农民工涌入伦敦，到工厂里工作。其他影响广泛的现代化燃煤设备还包括新式“煤气”街灯和家用煤气厨灶；后来，煤炭还为新式蒸汽船提供动力。商船摆脱了对风能和水能的依赖，可以随时航行到它们想去的任何地方。

煤炭也进入了普通家庭。19世纪40年代末，伦敦的家庭平 46
均每年燃烧11吨煤炭。随着化石燃料的出现，伦敦的空气中开始弥漫着恶臭甚至致命的黄色浓雾，但煤炭的发展潜力似乎是无限的。随着商人、船主和实业家的财富不断累积，且具备了与贵族阶级竞争的实力，维多利亚时代的中产阶级规模持续扩大。在大众心目中，中产阶级努力工作、自力更生，为实现个人成就而奋斗。然而，这种过高的期望也有不利的一面，它让成功人士认为贫穷源自穷人自己犯下的过错，是穷人不够努力的结果。

在很多人看来，拾荒者处于这座城市的最底层。一个世纪以后，我外婆觉得外公的清洁工工作比他父亲的拾荒工作已经体面了许多。不过，当我的母亲结婚时，外婆仍然告诉她，不要把外公的职业写成“清洁工”，而是“废品收藏家”（refuse collector）。母亲不习惯这种叫法，误写成了“避难所收藏家”（refuge collector），导致主持婚礼的牧师也看走眼了，问她什么是“难民收藏家”（refugee collector）。19世纪40年代的伦敦，很多人生活在贫困线以下，不断增多的城市垃圾给他们提供了机遇，据说有10多万人以在街道、下水道和河岸拾荒为生。除了较为官方的“垃圾场”系统之外，伦敦已经发展起来一个政府计划之外的垃圾回收系统，为复杂的黑市提供货源。这意味着伦敦的大多数拾荒者会专门收集不同类别的垃圾。史蒂芬·约翰逊（Stephen Johnson）在其描写1854年伦敦霍乱流行病史的著作《幽灵地图》（*The Ghost Map*）中写道，“现在，光是听听拾荒者的各种叫法，就仿佛在看某种奇异的动物学目录，比如拾骨工、破旧衣服收集工、采粪工、清淤工、泥滩寻宝人、下水道寻宝人、清洁工、掏粪工、抓钩拾荒人、小艇拾荒人、河滩拾荒人”。

某些伦敦市民没有养老金，再加上他们对新的济贫院存在恐惧感，对他们来说，捡垃圾往往是不得已之举，否则他们就会一贫如洗。泥滩寻宝人尤其如此，他们可能极其贫穷，而且往往以孩子、寡妇或老人居多。现在，我低头望着河堤下的泰晤士河，从口袋里摸索着此前在河滩捡到的一小块被潮汐冲刷过的煤炭。在19世纪，煤炭运输码头周围的前滩，比如沃特街的尽头尤其受泥滩寻宝人的青睐。1851年，记者兼作家亨利·梅休（Henry Mayhew）在其著作《伦敦劳工与伦敦穷人》（*London Labour and the London Poor*）中描述了他遇到的一群人：

> 47 他们的身体被河里散发着恶臭的淤泥弄脏，他们的破衣裳如木板一般僵硬……看到他们，我不由得心生怜悯，尤其是在冬天的时候……他们在湿泥浆中划桨，摸索着前进，寻找小块煤炭、木片或任何被潮水冲上岸的垃圾。

他们在河滩寻找任何可以卖给街边商店的物品，这些商店被称为“洋娃娃店”，因挂在店门上的黑色木制娃娃而得名。除了穷人买来用作燃料的煤炭和木材外，泥滩寻宝人还收集绳子、金属和玻璃，有时甚至收集骨头，偶尔还能收集到硬币等价值较高的物品。一些街边商店有独轮车或毛驴和货运马车，而且大多数商店专门收购陶器、玻璃、废金属、破旧衣服。泥滩寻宝人还可以把捡来的东西卖给拾荒者、废品收购站或更常见的“船具店”。这些都是所谓的“低级当铺”，既收购旧货，也做典当生意。按查尔斯·狄更斯（Charles Dickens）的说法，这种当铺售卖“最特别、最杂乱、最糟糕的破旧物品”。

在伦敦的拾荒者中，河滩拾荒人或下水道寻宝人认为自己是同行中的“贵族”。他们有时会搜索河滩或翻找垃圾堆，但他们大部分都是在夜晚进入下水道寻找物品。亨利·梅休就曾遇到过很多下水道寻宝人，他只知道他们的绰号，比如：高个子汤姆（Long Tom）、短臂杰克（Short-armed Jack）、独眼龙乔治（One-eyed George）。据梅休估计，当时有200多人靠伦敦的下水道谋生。

> 他们穿着满是油污的棉绒大衣，衣服的口袋能装很多东 48
> 西……此外，他们身上还穿着一件帆布围裙，手提一盏类似警察所用的遮光提灯……背着一个袋子，左手拿着一根杆子。

我把那块煤炭扔回宽大的上衣口袋里，突然意识到了泥滩寻宝和靠拾荒养家糊口之间的区别。

下水道寻宝人的工作既可怕又危险。除了变异的老鼠和下水道的野猪等无稽之谈外，真正的危险在于寻宝人会被潮汐困住，或者因为他们的提灯使用明火，可能会点燃污物所产生的甲烷，导致下水道爆炸。下水道寻宝人寻找的主要是废金属，或者人们遗失的贵重物品，比如珠宝或被冲进下水道的硬币。铜特别值钱，“tosh”最初指的就是任何用铜制成的物品。在我外公那一代，清洁工仍把半克朗[1]硬币称为“tosheroon”[2]。

拾骨工在街上收集动物骨头，然后把它们卖给工厂。这些骨头可用于制作胶水、牛油蜡烛或肥皂。采粪工则专门收集可用于净化皮革的狗粪。制革厂买下这些粪便，用作皮革收敛剂。工人用手把粪便揉入皮革，做成专用的皮制品，比如用于制作书本封面或昂贵手套的小牛皮。梅休采访过的一些拾荒者大多戴着一只黑色皮革手套，他们从伦敦街头收集狗粪，然后把粪便装入篮子里，用盖子盖住，以免别人看到里面的狗粪。

49 旧衣服收集工面对的市场更加复杂些，他们把旧衣服卖给伦敦大量的废旧物品回收商和旧衣店。所有旧衣服都要经过精挑细选，可销售的二手衣服被挑出来之后，剩下的大部分就可以卖给地毯制造商和造纸厂，或者卖给室内装潢商，用于制作填料。废料和缝线被留下，任由其腐烂，然后作为废料出售。剩余的毛线被切碎，送到“废料回收工厂”。在那里，废料被重新织成一种叫作“碎呢再生毛”的粗布，用于制作毯子和军装。那些因太短而无法纺织的毛线被打包成捆，卖给肯特郡的农民。农民把这些废料埋进

---

① 半克朗等于二先令六便士。

② tosheroon，指可能含有旧硬币、贵金属等有价值之物的黏稠垃圾。——编者注

土里，以改善土壤质量。当时，很多伦敦人生活贫困，不会浪费任何东西，几乎所有废料都会物尽其用。

1841年，泰晤士河两岸的这片区域到处都是码头和摆渡石阶。但到了19世纪60年代中期，它们被巨大的新河堤所取代，消失得无影无踪。

一名年长的泥滩寻宝人对记者詹姆斯·格林伍德（James Greenwood）大声说道："这该死的'河堤'。"1883年，格林伍德在《每日电讯报》（*Daily Telegraph*）上发表了一篇文章，名为《泰晤士河畔的拾荒者》（*Gleaners of Thames Bank*）。他写道：

> 一个身上沾满污泥、邋遢不堪的人……脚上没有穿鞋和袜子，只背着一只湿透的粗布麻袋……穿梭于码头停泊的船只之间，用工具戳探着污泥，寻找那些偶然掉到海里的煤块。河水深及她的脚踝，裙摆已经碰到了泥浆。她捡到了一些煤块，正用河水擦洗上面的淤泥，让它们的卖相好一些。

她说，她年迈的丈夫也在河滩拾荒，"但捡的不是煤块，而是被河水冲上河滩的任何物品，比如古硬币……骨头和旧绳子"。另一位拾荒人告诉格林伍德，"先生，如今拾荒人的数量已经不到20年前的一半了，"他接着抱怨说，"一些人以拾荒之名，行抢劫之事，"坏了真正拾荒者的名声。

19世纪40年代，废品回收还是一个很赚钱的行业。作为伦敦 50
官方的垃圾回收人员，环卫工们愿意花钱获得收集垃圾的特权。当时，地方当局并不负责清理垃圾，垃圾承包商愿意出价1000英镑甚至更高的金额去清空某个教区的垃圾箱和清理街道，他们也因此被指控为“垄断经营”和“贿赂政府官员”。承包商能获得可观的利润，因为当时的大部分生活垃圾都是煤炭燃烧后留下的煤灰，那是一种高价值的商品。

在中世纪的伦敦，生活垃圾往往被直接扔到街上或倒入附近的河流里，但到了19世纪40年代，垃圾实在太多，必须要运往新兴的郊区，那里巨大的垃圾堆让人触目惊心。在E. H. 狄克逊（E. H. Dixon）于1837年创作的水彩画《大垃圾堆》（The Great Dust Heap）中，一座垃圾堆犹如灰色的大山矗立在附近的房子旁边，垃圾堆底部的人显得特别渺小；一辆马车驮着垃圾，朝“山顶”艰难缓慢地行进。1850年，R. H. 霍恩（R. H. Horne）写道：

> 一座肮脏、黑色的垃圾堆矗立在暗灰色的天空之下。其实，那是一堆巨大的煤渣、煤灰，以及从灰槽和垃圾桶里收集来的垃圾，这些垃圾让城郊的某些社区一夜成名。

垃圾承包商也被称作“拾荒工雇主”，每家承包商都拥有多辆敞篷的运货马车和一座垃圾场，并雇用多名垃圾筛选工、分拣工和专门在街道上捡垃圾的“贫民拾荒工”。他们还雇用清洁工，驾着马车挨家挨户地收集煤灰。非官方清洁工穿着制服，戴着一顶扇尾状的大帽子，肩上背着篓子；帽子的边缘是倒卷的，可以防止篓子里的煤灰溢出时落在身上。虽然清洁工的穿着和运煤工相似，但两者很容易区分：运煤工身上沾的是黑色的煤烟，而清洁工身上粘的是灰色的煤灰。在李·杰克逊（Lee Jackson）的最新著作《肮脏的老伦敦》(*Dirty Old London*)中，他把维多利亚时代伦敦的清洁工描述成“有一定独立性和团结精神”，并且“在一定程度上藐视当权者和公众”的群体；再加上他们的工资比较低，于是衍生出一种小费制度(有些人称之为“敲诈”)，这些小费也被称作清洁工的“好处费”。在可移动垃圾桶面世之前，清洁工必须进入居民的房屋，才能清理灰槽里的垃圾。如果居民不给小费，清洁工可能会“在墙纸或地板上留下一些他们来过的痕迹”(当我向母亲提及此事时，她点点头，说这种现象再过一百年仍会存在)。

由于垃圾有利可图，非法的“流动清洁工”也趋之若鹜，他们 51
会在正规清洁工到来之前清空灰槽。流动清洁工不会把垃圾运往垃圾场，而是先筛选出任何有价值的东西，然后把剩下的煤灰倒在一条偏僻的路上，或者任由它从马车上溢出来。

19世纪40年代，亨利·梅休为其后来的著作《伦敦劳工与伦敦穷人》收集素材，所以他在伦敦的一座垃圾场中生活了一段时间。

> 一般而言，清洁工是一种代代相传的工作；孩子们在垃圾场长大，成年后逐渐习惯了收废品的工作……我最近去过一座垃圾场，看到那里的垃圾筛选工形成了一道奇特的风景线：他们站在垃圾堆的正中间，排成半圆形，前面是一堆要筛选的垃圾；每个筛选工面前都有一小堆土，这些土都是从筛子里落下来的，形成了一条土堤。

男人负责把垃圾扔到垃圾堆上，而分拣和筛选工作往往由女人和孩子完成。梅休遇到的那些女工都穿着皮围裙或粗布围裙，戴着无指式手套，脚上穿着“巨大的系带长靴”，而另一名女工站在“山顶”上，负责监督她们的工作。和非官方的垃圾清理工作一样，任何破旧衣服、纸张、玻璃和废金属都要在第一时间分拣出来，卖给那些来垃圾场进货的商人；砖块、破碎的陶器以及废弃的大量蚝壳则可以卖给建筑商，用作铺路和建房的核心材料。腐烂的蔬菜、动物有机物质以及其他任何会分解的东西被称为“湿垃圾”，一般被当作猪食卖掉，或与粪肥混合使用。那些带脂肪或骨髓的“湿骨头”被保留下来，用于制作肥皂和动物油脂，或者卖给胶水厂；剩余垃圾被压碎，用作肥料。

52 任何进入垃圾场的东西都不会被浪费掉。每一名分拣工都有自己的专长，而无论买家还是卖家，想从“垃圾”中获得最大利润，都需要足够的智慧。旧罐头盒和坏水壶可以卖给皮箱制造商，用于制作角夹；较大块的煤渣可以卖给铜匠和洗衣店；打烂的玻璃制品可以当作碎玻璃卖掉，融化后可重新制成玻璃，或者压碎后用来制作砂纸；破旧的鞋子和皮革碎片可卖给鞋匠，用来制作鞋垫和大底之间的填料。甚至还有一个市场专门收购死猫，皮货商会以“六便士的价格买一只白毛死猫，四便士的价格买一只杂色死猫，黑色死猫则根据品质定价”。

然而，能让垃圾场得以维持的恰恰是卖剩下的东西。筛选工的最后一项工作是用筛子把细煤灰和较为粗糙的“风留灰”分开（之所以叫“风留灰”，是因为风把细粉末吹走了，只留下了这些粗灰）。然后，这些灰可以出售，用作沼泽地的土壤改良剂，或者与路边清扫的落叶混合起来，作为肥料出售。“风留灰”还可以卖给制砖行业，用作燃料；或者卖给建筑商，与砂浆混合使用，其价格低于沙子。

换言之，所有垃圾都会变废为宝。19世纪中期，很多伦敦人非常穷，资源都很宝贵，几乎任何东西都能回收利用。有了庞大的垃圾场和非官方的拾荒队伍，维多利亚时代早期的伦敦几乎没产生任何废物。

回到街道上，我沿绿树成荫的小路走着，然后横穿河边的花 53
园。虽然这是我第一次走访沃特街，但我知道沃特街的旧址如今位于一个在建楼盘下方。该楼盘包含了多幢八层建筑，被统称为“帝滨190”（190 Strand）。然而，当我到达那里时，却很难辨认出沃特街的旧址。我现在离楼盘太近，看不见屋顶上的起重机，而脚手架和栅栏把其余楼房基本遮挡住了。塑料薄膜在我头上随风摆动，起初我还以为进不了工地，直至看到一块指向停车场的路牌，这才找到了入口。夜幕逐渐降临，进入工地时，我有点紧张，但周围没有人，于是我踱步进去。在一条如同峡谷的短巷尽头，临时搭建的售楼处空无一人，只有电脑屏幕发出的光照亮着场地。我路过敞开着的窗户，期待有人从窗户里探出头来，把我叫住，问我到工地来干什么，但没有人出现。

我在工地深处转了个弯，突然意识到自己可能站在沃特街的最后一段路上。它似乎已经没有了名字，但我从一些现代地图上得知，新的沃特街与旧沃特街呈90度角。不过，我不太确定，直至我发现了镊子巷（Tweezer's Alley）的入口。巷子被人用警戒线封住，不准进入，但墙上仍然刻有它的名字。我记得1799年的地图标出了镊子巷，所以立刻就能辨认出所有已消失街道的布局。1841年，在维多利亚路堤岸建成之前，这里离泰晤士河和煤炭运输码头非常近。我在康沃尔郡追踪人口普查员的活动路线时，发现托拉迪家族就住在镊子巷附近，而这条巷子曾横穿沃特街和米尔福德巷。在那首以阴虱为主角的诗歌中，多塞特伯爵给镊子巷起了个更粗俗的名字，叫“撒尿巷”（Pissing Alley）。

54 镊子巷距离泰晤士河受污染的水域只有一箭之遥，我的曾外祖母埃伦（Ellen）就住在这里。当时她年约三十，在家照顾两个小孩和一个婴儿。威廉外出工作，在印刷厂里做图书装订工，而埃伦要花大部分时间保持家庭的整洁，尤其是给家里人洗衣服并挂起来晾干。那时候的伦敦烟雾污染严重，不仅使居民的肺部变黑，还会把衣服弄脏，只能反复地洗。屋里的炉灶和明火也会产生煤灰，地板要擦，窗帘要洗，地毯也要经常拍打。维多利亚时代的普通人家里没有可节省劳动力的机器，家务活非常繁重，他们需要摄入的食物热量是现代人的两倍。由于家里没有冰箱，埃伦还要每天为家人买菜做饭。她从我所站的这条街出发，穿过河岸街，前往当地的菜市场。当时，菜市场出售从羊头、鳗鱼到二手服装和翻新过的靴子等各类商品。翻新靴子就是给破旧的鞋子更换鞋底和鞋面，并给旧皮革重新上漆。废旧物品在到达垃圾场的分拣工手里之前，通常要经过多次利用和翻新。

我站在那里，只能听到车流声和人们下班走路回家的声音。车流声被新建的墙体挡住了，有些沉闷。随后，我上网查阅“帝滨190”的信息，发现它最近上市销售的“一期楼盘”（Phase One）打的宣传口号是“体验伦敦最奢华生活的世界级住宅”。在一段以管弦乐为背景音乐的宣传片中，镜头沿泰晤士河掠过，然后切换到“帝滨190”大厦“如激光切割般精致的金属立面”，再进入阳光灿烂的售楼部接待处。我还看到了一家房地产经纪商的宣传册，描述了“帝滨190”的各种休闲设施，比如豪华游泳池和水疗中心、私人电影院、拥有最先进设施的健身套房、虚拟高尔夫球场等；宣传册还推出了三套售价500万至900万英镑的公寓。

我转身离开，此时的工地上依旧空无一人。不知为何，虽然我站在那里，但感觉自己离那些已消失的维多利亚时代的街道更遥远了，它们被封存在未竣工的巨大楼盘之下。我对这个结果并不感到惊讶，但难免有些失望。我解开帆布背包的肩带，准备坐巴士回家。

我走到双层巴士的上层，找到了一个靠窗的座位，心中顿时 55
一乐，因为我想看一眼托拉迪家族搬离沃特街之后住的地方。从1851年的人口普查中，我得知他们当时仍住在圣克莱蒙-戴恩斯教区，只不过搬到了克莱蒙茨巷（Clemens Lane）17号。根据人口普查记录，此时的威廉不再被人口普查员列为图书装订工，而是一名工人。1851年4月8日，星期二，克莱蒙茨巷17号共有39名居民；整个巷子共有7个家庭，托拉迪家族就是其中之一。大约也在那个时候，一位记者到克莱蒙茨巷采访，他描述道，“几乎每一幢房子的每个房间里都住着不同家庭”。我首次查到托拉迪家族的资料时，他们还住在沃特街；10年后，威廉和埃伦搬到了克莱蒙茨巷，他们似乎和6个孩子合住一个房间，其中最小的儿子只有两周岁。

如今，克莱蒙茨巷早已不复存在，我又花了一段时间才弄清楚它原来的位置。我找到了一张1868年的地图，上面并未标注克莱蒙茨巷，而这张地图的出版时间距离1851年人口普查只过去了十几年。最终，从1799年出版的一张地图中，我发现克莱蒙茨巷从克莱尔市场（Clare Market）一直延伸到河岸街北侧的一片短街和小巷。这张地图最初是以32幅独立版画的形式印刷出来的，细节丰富。它不仅显示出一幢幢房子的位置，而且大多数房子都标注了编号。它还显示了穿过伦敦市中心、延伸了半英里的主街道，以及隐藏在主街道后面那些狭窄的、如迷宫般的通道和小巷。主街道始自河岸街，经过克莱蒙茨巷，整条道路几乎没有中断，而其终点位于臭名远扬的圣吉尔斯（St. Giles）贫民窟。在1851年人口普查之前，托马斯·比姆（Thomas Beame）的作品《伦敦的贫民窟》（*The Rookeries of London*）便描述过这个地方：

> 街道两旁都是极致奢华的商店，可当你拐个弯，向前走不到一百码，就会身处贫民窟之中。这种转变是不可思议的，映入眼帘的只有邋遢的孩子、面容憔悴的男人，他们留着蓬乱的长发，穿着破烂的衣服，大多数人都在吞云吐雾，操着一口爱尔兰语；女人们没有穿鞋子或长袜，也许还在给婴儿喂奶，身上只穿一件单衣，用一根绳子把孩子绑在腰间；此外，还有看上去像狼一样的流浪狗……

56 我凝视着窗外的淡蓝暮色，心想：以巴士目前的行驶速度，我至少可以看看克莱蒙茨巷曾经的样子。虽然这条巷子的位置从一开始就不好找，但关于克莱蒙茨巷的参考资料倒很容易找到，这正是它与沃特街的不同之处。很快，我就了解到，克莱蒙茨巷被拆除时，已经臭名昭著了。

当托拉迪家族居住在克莱蒙茨巷时，这条巷子位于贫民窟的西部边缘。我再次从他们邻居所从事的工作中寻找线索。当时，他们的邻居包括一名水果蔬菜小贩、一名烟囱清扫工、几名砌砖匠、一名“总代理”、一名13岁的仆人和一名贫民。克莱蒙茨巷其他几幢房子都是出租屋或廉价客店，男女不能混租，这在当时是很常见的做法。附近女士出租屋的租客包括刺绣工、女佣和一名草帽制作工。克莱蒙茨巷29号被租给了一群男租客，包括几名爱尔兰工人、一名“绅士”和一名牛肚加工师傅。在这些出租屋里，通常好几个人睡一间房，他们甚至可以租个角落来住。伦敦的大量临时工和流动工人大多来自农村，对他们来说，廉价出租屋至关重要。

克莱蒙茨巷的尽头与克莱尔市场相连。克莱尔市场是伦敦第二大肉类市场，那里有屠宰场、牛肚厂和杂碎加工厂。在《伦敦词典》（*Dictionary of London*）中，查尔斯·狄更斯（Charles Dickens）形容克莱尔市场里的肉店，“堆满了各种奇奇怪怪的肉，看上去质地粗糙，颜色发黑，似乎不太新鲜……你只能无条件地相信这些就是牛肉或羊肉”。市场狭窄拥挤的小巷两旁全是摊位和小推车，还夹杂着蔬菜水果小贩和顾客讨价还价的喧嚣声：“很多摊贩都衣衫褴褛，面容憔悴，邋遢不堪，看上去很可怜，却和熟人谈笑风生。”克莱尔市场还以其众多酒馆和卖金酒的商店而闻名。“金酒热”（Gin Craze）曾对英国造成了破坏性的影响，而一个世纪之后，有“母性毁灭者”（Mother’s Ruin）之称的金酒再度开始流行起来。

“不要独自一人去那里，”维多利亚时代的记者乔治·西姆斯 57
（George Simms）写道，“对陌生人而言，那是个危险的社区。”

克莱蒙茨巷周围的短街和小巷是出了名的混乱，附近还有个家喻户晓的故事："很多年前的某个冬夜，一名年轻人从乡下来到城里，身上背着一只黑色的包。他想从葡萄牙街（Portugal Street）进入河滨街，却好像迷了路，四处徘徊，不断地回到最初的起点，看上去郁郁寡欢。每逢雾气朦胧的夜晚，人们都会在克莱尔市场看到他的身影。总之，从未有人听说他找到了河滨街。"

第一次寻找克莱蒙茨巷时，我所看到的一切充满了死亡气息，而原因之一就是巷子里的很多房子都背靠格林格朗德墓地（Green Ground）。从17世纪开始，那里就一直是埋葬死人的地方。托拉迪家族搬到那里之前，《泰晤士报》（*The Times*）的一封读者来信如此描述这座墓地：

> 这个地方臭名远扬，是墓地盗尸人平时偷盗尸体的来源。1820年2月，有人目睹盗尸贼把三具尸体绑起来扔过围墙。法院颁发搜查令，警察搜查了圣托马斯医院。医院的院子和解剖室"就像一个屠宰场"，到处散落着头颅、躯干和肢体。

格林格朗德墓地之所以声名狼藉，是因为它在外科医生乔治·沃克（George Walker）的反墓地运动中占据重要地位。乔治·沃克被称为"墓地行者"（Graveyard Walker），因为他认为墓地的"瘴气"是穷人罹患疾病和身体不健康的主要原因，所以一生都在反对建设城市墓地。

当时，瘴气导致人们患病的理论甚嚣尘上。人们认为，腐烂的有机物质会产生可通过难闻气味察觉出来的"有害空气"，导致疾病大肆传播。在贫民窟拥挤、潮湿且往往肮脏不堪的环境中，人们常患上高烧、斑疹伤寒、肺病、肺结核和霍乱等疾病，死亡率极高。很多人共用厕所，且由于家庭和工厂都在烧煤，空气污染极其严重。此外，由于居民没钱给清洁工“小费”，贫民窟的社区变成清洁工口中的“卫生死角”，完全遭到忽视。于是，人们只能把垃圾和废弃物堆积在住处附近，临时灰槽里的垃圾流向地窖、粪坑和散发着恶臭的小巷里。

对住在贫民窟外的居民来说，最可怕的事情就是霍乱大暴 58
发，这种病极具传染性。很多人认为，穷人之所以容易患上霍乱，是因为他们自身道德堕落，然而，最主要的原因其实是来自房屋下方粪坑的瘴气。因此，到了1847年，伦敦市政府出台新法律，要求私人厕所必须连接到主下水道（但贫民窟某些极不负责任的房东应付了事，直接把厕所拆除）。结果，整座城市的污水直接排入了泰晤士河。那时候，伦敦大部分居民的饮用水直接从泰晤士河抽取，而霍乱实际上是通过水传播的，因此，新下水道所产生的一个悲剧性结果就是因霍乱而死亡的人数激增。

至19世纪中叶，人口增长和不断飙升的死亡率导致伦敦的大部分公墓和教堂墓地都“人”满为患，墓地没有足够空间给死者下葬，而这些遗体也变成了城市无法处理的另一种垃圾。在墓地，棺材被叠放在深井里；为了腾出更多空间，遗骨有时会被移走。“墓地行者”乔治·沃克逐渐掌握了新闻宣传的力量，他很快就意识到，引起公众关注的最好方式就是公布那些与墓地相关的可怕细节。在《来自墓地的聚会》（*Gatherings from Graveyards*）一书中，他从克莱蒙茨巷背后一座建筑的阁楼窗户上描绘了以下场景：

> ……在这座墓地东南端附近，两座坟墓已被挖开；而距离我们最近的坟墓上，散落着几块骨头。一大堆棺材被放在那里，随时有人搬走……显然，它们还没有开始腐烂。

59 由于只有富人才买得起伦敦郊区新墓地的墓位，所以抢手的墓位成为贫困社区面临的另一个最严重问题。这就产生了一个令人苦恼的结果：霍乱病患者去世后，其尸体通常仍具有传染性，由于家人要四处筹集资金举办葬礼，遗体还是被暂时保存在家人居住的房间里。

恩隆大教堂（Enon Chapel）就发生过一次大丑闻（“Enon”是常见的浸礼会教派名字，意为“泉水”，而这座教堂就建在一条露天下水道上面）。这座教堂位于克莱蒙茨巷中间，主要从事丧葬方面的投机买卖活动，同时为穷人提供经济实惠的丧葬服务。

乔治·沃克常引用恩隆大教堂作为例子。恩隆大教堂于1822年设立，它建在一个拱形墓穴上方，这是教堂对盗尸贼日益恐惧的正常反应。近20年的时间里，教堂的牧师以8~15先令的价格出售墓位，比竞争对手低得多，因而生意兴隆。然而，随着时间的推移，当地人开始对地下墓穴惊人的容量议论纷纷，来做礼拜的信徒们抱怨说，他们能够闻到一股恶臭味；主日学校（Sunday School）的孩子们来教堂做礼拜时，还看到了所谓的“尸虫”。

到了1842年，成千上万具尸体被“埋”在恩隆大教堂地下长59英尺、宽12英尺的墓穴里。据估计，尸体数量多达12000具。最终，人们发现棺材堆到了地下室的房椽上，距离地面上信徒的脚底只有几英寸。后来的调查表明，牧师还用手推车把尸体运走，扔进泰晤士河；其他尸体则被溶解在生石灰中，空棺材被牧师当作煮饭的柴火烧掉。然而，当恩隆大教堂最终关门大吉时，那些尸体被留在了地下墓穴里。后来，戒酒协会租用了礼拜堂，把地面的长椅拆掉，用于举行公共演讲和舞蹈活动。正如沃克所言，“人们在舞池里跳四方舞、华尔兹、土风舞、加洛普舞、里尔舞……而舞池下方就是堆满尸体的地下墓穴”。一些宣传广告还把这些尸体当作了卖点：“恩隆大教堂——在死人身上跳舞。入场费三便士。”

1847年，沃克租用了恩隆大教堂。他要将尸体挖出来，重新安 60
葬。不过，作为反对建设城市墓地运动的举措之一，沃克首先要邀请公众去参观舞厅下方的恐怖墓穴。这项活动似乎有点露天杂耍的味道：教堂门口站着一个人，手里捧着死人头骨，“显然是为了让聚集在外面的游客更加兴奋”。据估计，在几个月时间里，有6000名游客来参观地下墓穴。媒体也对墓穴进行了详细报道，且经常强调它在贫民窟中的位置：“狭窄蜿蜒的肮脏小巷……一座昏暗且令人窒息的市场……一群邋遢的小孩在污浊的水坑里玩耍，我们向他们问路，他们指向了一条散发着霉臭的阴暗短街。”

和去恩隆大教堂跳舞一样，人们参观教堂地下墓穴的做法也迎合了维多利亚时代民众对死亡主题以及后来所谓“体验贫民窟生活”的时尚品位。体验贫民窟生活是一种城市旅游方式，即伦敦的穷人成为富人们体验殖民开拓精神的对象。从19世纪中期开始，通过记者们令人震惊的调查报道，富人和中产阶级越来越了解贫民窟的情况。当时，查尔斯·狄更斯也按周和按月分期刊登他的小说，抨击社会的贫穷和不公正现象。在这些报道的推动下，富人故意穿着朴素的衣服，在贫民窟四处闲逛，看看“伦敦市的另一半人是如何生活的”。他们这样做的动机各不相同，但无疑结合了很多复杂因素，比如：好奇心、偷窥癖、博爱和基督教徒的慈善之心；还有一种更为明目张胆的因素，即通过性或其他“恶趣味”寻求刺激。奥斯卡·王尔德在描写道林·格雷造访布鲁盖特菲尔茨时，利用的正是这种心态。他的小说出版时，成群的富人正坐着当时颇受欢迎的午夜巴士，开启伦敦东区（East End）贫民窟体验之旅。

61 周五晚上的交通特别拥堵，我乘坐的双层巴士以不到一百码的龟速行驶。车窗外，楼房悄无声息地从车旁滑过，达到“帝滨190”后，车停了下来。我看不到后面的建筑工地，只能看到窗顶印着精致生活方式的宣传标语和世界级楼盘的地址。

我的思绪回到了托拉迪家族。1851年夏天，托拉迪家族两岁的女儿杰茜（Jessie）患上了麻疹，并于5天后去世，而此时距离托拉迪家族在人口普查表上填写杰茜的详细资料只过去了几个月的时间。在她的死亡证明上，“死亡时谁人在场”一栏没有人签名，户籍登记员只写了“埃伦·托拉迪画押”，正是通过这个标记，我得知埃伦不会写字。从次年早春开始，埃伦患上了肺痨病，并一直卧病在床；到了夏末，她也去世了。肺痨是肺结核的旧称，患者得病后会慢慢走向死亡。对大多数人来说，肺结核病是一种逐渐消耗生命的疾病。打开死亡证明后不久，我便意识到，在埃伦去世的时候，她的两个孩子年龄和我的孩子一样大。尽管我们之间存在时间和代际的差距，但同理心已经消除了这种隔阂。了解埃伦的经历后，我顿时感到思绪烦乱。如果我是埃伦，知道无法再照顾自己的孩子，并且把他们留在这样一个地方，我会作何感受？

埃伦去世后，她的家人仍住在克莱蒙茨巷17号。从我找到的关于这条巷子及其居民的一切信息来看，我只能假设杰茜和埃伦在同一个房间里离世。两年后，在前后不到六周的时间里，威廉和他的大女儿简也相继去世。这家人的四份死亡证明都是同一位户籍登记员极其仔细地写下来的，并注明他们都死在这所房子里。威廉死于肺气肿，这是一种渐进式的肺部疾病，吸烟和空气污染都会加重病情，他在妻子去世时已经患上了肺气肿。简和她母亲一样，也是死于肺结核。肺结核是一种传染性疾病，患者初次感染后，病毒可以在体内休眠多年，只有在免疫系统变弱时才会复发。

我坐在原地不动的巴士里，思绪不断地回到那个房间，回到 62
托拉迪家族成员共同生活过并相继去世的地方。从查阅的资料中，我已经见证过太多生离死别，比如贫民窟，尤其是沃特街，比如恩隆大教堂的墓地，比如那些为至亲筹钱举行葬礼时与遗体共处一室的家庭。

夜色渐浓，我望着窗外发呆。巴士抖动着向前行驶，世界级的楼盘不辞而别，被巴士甩在了身后。

第3章

伯蒙塞的泰晤士河段

65 尽管如此，托拉迪家族的其余四个孩子都幸存了下来。然而，我无法找到他们在父母去世后几年里的去向。我查阅了一张1868年的地图，发现他们成为孤儿14年后，克莱蒙茨巷和周围六英亩的短街和小巷都被拆除了。这片区域变成了空地，地图上留有“新律师学院专属用地”等字样。1866年，《泰晤士时报》的一名专栏作家称，“该区域很快就变得无人居住。每扇门都上了巨大的挂锁……数以百计的贫困家庭被迫迁徙……附近原本就人满为患、卫生条件不佳、散发着恶臭的短街变得比以往任何时候都更加拥挤”。

这种事情很常见。圣吉尔斯的贫民窟被拆除，为新牛津街（New Oxford Street）的建设让路，导致附近贫民窟的卫生条件恶化。在维多利亚时代，解决贫民窟问题的主要手段就是驱逐住户和拆除房子，通过大型土建工程项目来改善交通运行状况，这被视为促进经济持续增长的必要条件。宽阔的新街道和高大的建筑也能更恰当地反映出伦敦在帝国中的地位和商业地位。随着伦敦的不断发展，它变得越发富裕，这座城市需要找个地方来丢弃那些它不想要的东西，比如堆积如山的垃圾、无用的贫民以及它不堪忍受的某些产业。

找到沃特街一个月后，我回到伦敦，追溯托拉迪家族从市中 66
心迁徙出去的第一段路线。某个周日早上，我从伦敦塔桥上穿过泰晤士河时，发现很多游客站在桥上，身体探出水面，用连着自拍杆的手机拍照，这让我感到很惊讶。到了南岸，我走下台阶，进入伯蒙塞区，沿沙德泰晤士街（Shad Thames）走着。沙德泰晤士街是一条狭窄的鹅卵石街道，位于沿河维多利亚时代的仓库后面。

我之所以来伯蒙塞，是因为我找到了一些资料，表明托拉迪家族幸存下来的四个孩子已长大成人，并离开了伦敦市中心的贫民窟。随着一波波贫民迁徙到不断扩大的伦敦郊区，托拉迪家族年纪最大的孩子也搬到了伦敦东区，另外三个孩子则分散到伦敦南部，但他们四人都生活在伦敦另一条如今已消失的河流附近，它的名字叫内金格尔河（Neckinger River）。所以，我决定去伯蒙塞前滩的一片淤泥中寻宝，那里靠近内金格尔河与泰晤士河的交汇处。托拉迪家族最小的儿子、四岁时成为孤儿的罗伯特（Robert）就在附近的皮革市场（Leather Market）当小贩。

那时，他的哥哥、我的曾外祖父汤姆·托拉迪住在一英里外象堡（Elephant and Castle）附近的东巷市场（East Lane Market）附近。英国情景喜剧《只有傻子和马》（*Only Fools and Horses*）就是以东巷市场作为故事背景的。工业革命以前，属于萨瑟克区的东巷市场由沼泽地、草场和商品菜园组成，被称为“沃尔沃斯”（Walworth），该名称源自撒克逊语“布立吞人的农场”（Farm of the Britons）。和伦敦南部的其他地方一样，那里的早期住宅大多沿主路而建，而主路始于泰晤士河新建的大桥，并经过沼泽地。

67 18世纪末以前，沃尔沃斯路（Walworth Road）主干道两旁矗立着许多“优雅的豪宅”，但随着工业化步伐的加快，伦敦郊区的变化日新月异。伦敦人口以惊人的速度增长，而比较靠近伦敦市中心的区域（比如伯蒙塞区）遍布工厂和仓库；公共马车、有轨电车和火车投入使用，这意味着人们可以住在离工作地点较远的地方。一套19世纪的地图表明，随着建筑投机商买下了这片土地，沃尔沃斯的田野迅速消失，路边出现了一排排的排屋。穷人搬了进来，富人搬了出去。沃尔沃斯路旁大房子的花园前面建起了商铺，房子的上面几层被用来出租和转租。当汤姆·托拉迪搬到那里的时候，整个地区“街道纵横交错，街道两旁都是工人居住的房子”。

《伦敦生活与劳工调查》（*Inquiry into Life and Labour in London*）是查尔斯·布斯（Charles Booth）的不朽作品，在他的写作笔记中，我们可以看到他对沃尔沃斯各条街道的描述。1886年，人们越来越关注社会不平等的问题，于是布斯展开了一项调查，并编写出上述调查报告。工业化或许给很多人带来了财富，提高了他们的生活水平，但也导致郊区贫困人口数量上升。布斯本人是一位富有的船主，他对当时的英国政治和宗教状况大失所望。那时候流行一种说法，称伦敦四分之一的人口生活在贫困当中。布斯驳斥了这种说法，然后展开调查。起初，他只是为了证明真正的贫困人口比例不足总人口的四分之一，但进行了长达18年艰苦卓绝的调查后，布斯得出一个结论：伦敦的贫困人口比例超过了三分之一。他雇用的调查人员目睹了贫民窟许多骇人听闻的事件，并因此成为社会主义者。然而，布斯的立场却变得更加保守。他警告说，如果政府不采取行动，贫困可能会引发一场社会主义革命。

在他的研究成果中，最引人注目的内容就是调查报告中附带的一系列“贫困地图”，即调查人员给伦敦的每一条街道手工上色，显示其居民的相对收入和社会阶层。这些地图根据布斯手下的调查人员所写的笔记绘制而成，调查人员跟随当地警察一起巡逻，并记下了每条街道的状况。根据地图，布斯将伦敦人口分为七类，每一类对应不同颜色，比如：黑色代表“最低阶层，穷凶极恶，准罪犯”；深蓝色代表“非常贫穷，临时工，长期极度贫困”；红色代表“中产阶级，生活小康”；金黄色则代表“中上层阶级和上层阶级，非常富有”。

在沃尔沃斯，托拉迪家族所在街道被标注了蓝色，代表着那 68
里以穷人为主。在调查人员的笔记中，东巷市场“路旁全是低档的商铺”“周日早上，市场最为繁忙，所有商铺都开门营业，到处挤满了形形色色的小贩和江湖郎中”。1899年，汤姆·托拉迪的住所位于莱斯托克大街（Lestock Place），负责巡逻这条街道的是怀亚特（E. Wyatt）警官。6月30日，陪同怀亚特巡逻的调查人员在一本黑色笔记本上描述了当地的街道，笔记本封面粘着一张正方形的黄纸，纸上有手写的指令：“如果找到，请返回河岸街阿德菲公寓9号（9 Adelphi Terrace），交给查尔斯·布斯。”这位调查人员亲手绘制了怀亚特警官的巡逻路线图，并写下了莱斯托克大街的现状：“房间空荡荡，很多孩子没有戴帽子，邋遢不堪，脚上穿着破靴子。”接着，他们走到了国王街（King Street）和皇后街（Queen Street）：“小贩们非常贫穷……生活艰难，很多人都面临着酗酒和侵犯人身的指控。”他们从那里转弯，走到了贝多姆街（Beddome Street），“这里的很多穷人家门大敞，大部分都是工人家庭”。汤姆的儿子——我那当过清洁工的外祖父就住在贝多姆街。

当我到达霍斯利唐旧石阶（Horselydown Old Stairs）时，那里的铁门都敞开着。我沿着通往河滩的石阶先往上走，再走下来，穿过老啤酒厂大楼的一条通道，站在黑暗的石阶顶上。低处的石阶被藻类覆盖，茶色的泰晤士河水不时溅泼在石阶底部快要坍塌的踏板上。潮水水位比我预期的要高，我花了一段时间才走下石阶，来到河滩。

69 我先沿着河向东走，因为我很想看看位于内金格尔河口的进潮口，那里曾经是圣救世主码头（St. Saviour's Dock）的所在地。过去，河畔这片区域被宽阔的巴特勒码头（Butler's Wharf）占据，现在则变成了由餐馆和豪华公寓组成的综合建筑群。19世纪，此处号称是世界上最大的茶叶仓库，位于“伦敦池”的正中央。熙熙攘攘的船只和驳船在码头等待着装卸货物，喧闹无比。与西边的南岸不同，伯蒙塞河岸保留了更多历史感，更记录下了那天早上和前一天晚上所发生的事情：巨大的旧船锚和螺旋桨被当作雕塑作品嵌入了人行道，啤酒瓶和塑料酒杯“小心翼翼”地“站”在雕塑下面；更多玻璃瓶被塞进了花盆的花朵当中；河边栏杆下面，散落着一堆堆烟头，让人联想起那些被丢弃的陶土烟斗；在康兰餐厅（Conran's Chop House）外面，一名男子小心翼翼地把鞋子放在身边，躺在一块人造草皮上，面朝墙壁，头裹着夹克，很快就睡着了。

曾经的圣救世主码头早已消失，那里建成了一座横跨进潮口的大桥。我在桥上停下脚步，看着桥下面的内金格尔河流入泰晤士河，露出一片光滑的河底淤泥。从中世纪开始，伯蒙塞的历史就在泰晤士河和内金格尔河的交汇处形成。伯尔蒙德河洲被录入《英国土地志》（*Domesday Book*）时，其名称就是“伯蒙德塞耶”（Bermundeseye），意为“一座被潮间带盐沼包围着的，由沼泽草场和林地组成的‘砾石岛’”。岛的中心有一座小修道院，后来成为伯蒙塞修道院（Bermondsey Abbey）。那里的修道士挖了早期的排水堤坝和路堤，开垦出地势低洼的沼泽地，还在内金格尔河的河口建造了圣救世主磨坊（Mill of St. Saviour）。13世纪，修道士又建造了邻近的圣救世主码头。在这个有人工草场、果园和商品菜园的地区，当地人起的地名据说都与早期的潮汐有关，比如“勒沃特韦耶”（Le Waterweye）和“勒沃特岗”（Le Watergang）。

然而，伯蒙塞的形成也得益于它与伦敦近在咫尺的距离。14世纪，那些污染严重、散发恶臭的制革厂已经被赶出市中心，并迁移到泰晤士河南岸。制革厂需要空间和充足的水源，而内金格尔河的河口及其潮汐流为制革厂提供了理想的建厂条件。

我等不及了，想立刻下到河滩去，于是转身走向霍斯利唐旧 70
石阶（Horselydown Old Stairs）。据说这个名字源自中世纪英语Horsridune，意为“沼泽地中养马的小山坡”，到15世纪，该名称变成了“霍斯利-唐”（Horselie-down）。我再次走进阴暗的通道，在门口看到一张告示，上面留着一个手机号码，如果我回来发现它们是锁着的，可以打这个电话让人来开门，因为涨潮时，此处的石阶是唯一的出路。

如隧道般的通道和昏暗的光线使城市和海岸之间的隔阂更加明显，随着照在墙壁上的光线逐渐变亮，我闻到了河流的气味。有那么一瞬间，那气味像大海一样清新，紧接着就是熟悉的底层泥土味、水草味和腐烂物的臭味。不过，当我抵达石阶底部时，才发现退去的潮水留下了一层光滑的淤泥，覆盖住了河滩的大部分区域，顿时大失所望。这种情况时有发生。从以往的经验来看，我知道只有第一批船只的尾流才能把淤泥冲走，现在为时尚早，这些船只会在潮水水位很低之前经过。

其间，我穿过若隐若现的伦敦塔桥阴影，向河滩上方滨线的深色漂浮物走去。这些漂浮物都是变幻莫测的潮水退去后留在泥浆上的。和海水一样，泰晤士河水会对不同密度的漂浮物加以分类和梳理。今天的河滩上依旧有很多潮湿的骨头和塑料；除此以外，还有一只现代的鞋跟、一副眼镜的镜架和几根黑色的束线带。

虽然不经常捡这些东西回家，但我还是先把一块形状像雕塑品、颜色与木头接近的骨头放进袋子里。25年前，当我第一次漫步泰晤士河的前滩时，尚不知泥滩寻宝为何物。那时候，最吸引我注意力的就是动物骨头。我很少能在海滩上发现骨头，但在这里，它们似乎无处不在。早些年，我站在这座城市正中央的前滩，本来就有一种局促不安的感觉，而动物骨头让这种感觉变得更加强烈。我不知道站在那里是否合法，也不知道什么事情可以做，什么事情不可以做。我不知道为什么那里会出现骨头，只能猜测它们一定是来自附近餐馆的垃圾。

不过，后来我从屠宰场倾倒在河里的牲畜残骸中了解到，许 71
多骨头可以追溯到18世纪和19世纪。如此多的骨头颜色变深，是因为当时泰晤士河的状况极其糟糕。此前造访泰晤士河滩时，我发现了犄角、椎骨、头骨碎片、股骨和球窝关节，很多骨头都有被剁肉刀砍过后留下的独特痕迹，但我并没有把它们捡走。我还发现了很多羊、牛、猪和狗的牙齿。马的牙齿尤其引人注目，它们通常呈蓝灰色，非常漂亮；有些牙齿很大，必定来自运货马车的马（有些幸运的泥滩寻宝人甚至还发现了长毛猛犸象和古棱齿象的牙齿）。

在淤泥里发现的骨头中，还有一些皮革碎片。潮来潮往，这些皮革碎片逐渐变黑、变硬，但从未完全干燥过；还有一块皮革碎片来自一只手工缝制的鞋子。由于泰晤士河的淤泥富含厌氧菌，所以多年来，人们找到的中世纪和都铎王朝时期的皮鞋都被淤泥保存得极为完好；甚至还有保存了近2000年，还几乎完好无损的罗马时期凉鞋。所以，这些手工缝的皮革碎片很可能年代十分久远。正因为如此，我不止一次来到泰晤士河的前滩，小心翼翼地从淤泥里挖出一只鞋子，却发现它是现代制品，然后失望地把它扔到一堆垃圾里。几百年前的鞋子与近代的鞋子不同，前者的残骸上往往镶有平头钉，能够使鞋底更耐用；又或者，这类鞋子有更换过后跟和鞋底的痕迹。这是因为，若鞋子是由工匠手工制作的，换新鞋的成本很高，所以人们通常会尽可能长时间地穿着一双鞋子。其他物品也是如此。

也许是因为我喜欢皮制品，便比平时多捡了一些皮革。其中 72

有几块皮革很像皮带，有着不规则的手工缝制孔，可能来自缰绳或系带。几个月前，我还捡到了一块可能是制革工人使用过的皮革，从那以后，它便成为我最喜欢的物品。那天，我正在泰晤士河北岸搜索，时不时地从前滩向上眺望，看见一个女人沿着河边向我慢慢走来。她戴着亮蓝色的一次性手套，每隔几米就会停下脚步，跪在地上，更仔细地进行搜索。她有条不紊地工作着，全神贯注、专心致志地用一把泥刀刮着淤泥（我很羡慕她膝盖上戴着的护膝，它们看上去很柔软，而我得一直蹲着，身体都僵硬了）。当我们擦身而过时，我主动跟她保持比较远的距离，以免侵占她的地盘。不过，我不确定她是否知道我就在附近。我返回河边，感觉有点沮丧，因为我的那片区域已经被彻底搜索过了。如此专注的她，似乎不大可能错过任何好东西。

所以，仅仅几分钟后，当我发现一只金属箍很显眼地躺在淤泥上时，顿感意外。金属箍呈灰褐色，还沾着几块不规则的泥巴。我想，她显然已经看过这东西又扔掉了。也许它只是机器的某个部件，大概有一根手指那么粗，于是我把它塞进了手指，发现很合适。它的顶部较窄，作用是防止它滑下来碰到戴戒指的部位。我把它脱下来，戴上去；再脱下来，再戴上去。它的内部打磨得非常光滑，看上去就是专门给手指戴的物件。我在想：它是不是一只顶部已经脱落的顶针？那天晚上，我用笔记本电脑在“便携式文物计划”（Portable Antiquities Scheme）数据库上搜索类似的物品［该数据库由大英博物馆（British Museum）和威尔士国家博物馆（National Museum Wales）共同运营，记录了公众发现的考古物件，是一个非常好的资料库］。在数据库里，我发现了一枚几乎一模一样的顶针，而且它实际上没有顶部。数据库将它描述为中世纪或后中世纪早期的“环式顶针”，可追溯到1450年至1600年。后来，我在拜访大英博物馆的文物联络官时了解到，除了普通家庭用来缝制衣服以外，这种类型的顶针也是皮革工人的必备物品。

我仍蹲在滨线上，这时候，终于有一艘泰晤士快艇驶过，它 73
的尾流冲走了河滩上的一大片淤泥。紧接着，又是一阵阵浪花掠过，水溅在我的靴子上，在河滩高处留下一条狭长的淤泥带。至少现在我可以看到那些石头了。我又把一条“皮绳”放进袋子里，仿佛皮革碎片在前滩很常见似的。有些皮革碎片可以追溯到19世纪，那时候的伯蒙塞被称为“皮革之乡”（Land of Leather）。

那时候，内金格尔河的两岸和河口聚集了大量皮革鞣制厂。“鞣制”一词源自拉丁语，意为“栎树皮”。在19世纪末化学鞣制法出现之前，人们一直向鞣坑中添加栎树皮以鞣制皮革。皮革鞣制是一个缓慢且会散发恶臭气味的过程，实际上就是把兽皮干化，以防止它们腐烂。在制革厂，新鲜的兽皮要先经过刮毛、去肉、脱脂等过程，然后浸入生石灰或者尿液中，再用采粪工收集到的狗粪制成的“粪水”加以揉捏。浸泡过程在露天的鞣坑中进行，可能会持续一年多。到19世纪中期，伯蒙塞已容纳了英国三分之一以上的皮革厂，其中有一家皮革厂每年可加工4.5万块小牛皮和1万块马皮。附近的内金格尔皮革厂（Neckinger Mill）每年生产50万块更柔软、更昂贵的皮革，比如鹿皮、小山羊皮和海豹皮。伯蒙塞的潮汐每天会冲刷两次面积广阔的鞣坑，将废弃物冲进泰晤士河。1849年，亨利·梅休为《纪事晨报》（*Morning*

Chronicle）所写的一篇文章描述了这些沟渠：“染料使得部分沟渠的污水变得像鲜血一样红，它们来自附近散发着难闻气味的皮革修整厂。”

74 大量制革厂聚集在伯蒙塞，必然将相关行业吸引至该地区。这些行业包括皮革业的终端用户，比如：鞋匠、室内装潢师、马鞍马具商、皮箱工匠和帽匠。此外，还有些行业要使用制革厂的废料，例如：煮皂工和制烛匠用湿骨头来煮出动物的皮下脂肪（有传言称，伦敦南部的动物油脂制造商还从盗墓贼那里收购骨头）；羊肠清洗工购买绵羊和山羊的肠子，制作竖琴和小提琴所需的琴弦。而在制胶商看来，动物的任何残骸几乎都能加以利用。除了骨头以外，他们还回收破损的动物毛皮和肉，牛角上的“痂”以及附近煮猪蹄的锅炉、餐具柜和毛皮加工机留下的废物残渣等。

由于不受伦敦市的监管和约束，伯蒙塞还吸引了其他具有污染性的行业到河岸和潮汐沟渠附近建厂，比如造纸厂、啤酒厂、染坊、果酱厂和肥皂厂。“圣救世主磨坊”（St. Saviour’s Mill）最初是修道士为了磨面粉而建造的水力磨坊，但到19世纪中期，它变成了用煤炭提供动力的制铅厂，回收利用制革厂用过的树皮，把灰色的铅变成白色，用于制作可美白皮肤的油彩和珐琅。采用煤炭提供动力的工厂数量众多，“圣救世主磨坊”只是其中一家。这些工厂向空中排放废气，向泰晤士河排放污水，常常让整座城市笼罩在烟雾之中，而河边低洼地区所受污染最为严重。

我蹲在河边，声音在我身后的通道里回响。我环顾四周，看到一对穿着结婚礼服的新人和一名摄影师出现了，这是我来到河边后第一次看到人。摄影师在前方领路，带着他们走到河滩，用听上去像俄语的语言指导他们朝河流和伦敦塔桥方向摆姿势。女士脚上穿着高跟鞋，抓住丈夫的胳膊，小心翼翼地从石头中间走过，在闪闪发光的淤泥附近停了下来。她的头发上别着白色花朵，从我所在的位置看过去，新娘亮蓝色的裙子从腰部呈喇叭形展开；在杂草和腐烂木头的背景衬托下，她圣洁得非同寻常。虽然很不情愿，但我还是离开了这个绝佳的寻宝地点，因为我知道，没人希望他们的婚纱照里有一个蹲在淤泥里的陌生人。

很快，在一个摄影师绝对拍不到我的地方，我捡到了一枚旧 75
的排扣和两枚硬币。和往常一样，第一枚硬币只不过是已被锈蚀的两便士硬币，但第二枚硬币就比较少见了。那是1942年发行的四分之一便士，带鹪鹩图案。后来，我在研究内金格尔河口附近臭名远扬的“雅各布岛”（Jacob Island）贫民窟时，得知那里有一条肮脏的小巷，名为“法辛巷”（Farthing Lane），而“法辛”的含义即为“四分之一便士”。

“雅各布岛”贫民窟集中体现了维多利亚时代伦敦贫民窟的恶劣生存环境，这些环境又被城市所产生的大量垃圾持续恶化。从中世纪开始，泰晤士河一直将人类和动物的粪便带往大海；到了19世纪中期，除了这些人畜粪便以外，它迂缓混浊的河水被有毒的工业废水与痢疾、伤寒和霍乱等水传播疾病的病菌所污染。在“雅各布岛”贫民窟，极度贫穷的居民就住在臭气熏天的潮汐沟渠周围。

在查尔斯·狄更斯的《雾都孤儿》（*Oliver Twist*）中，穷凶极恶的罪犯比尔·赛克斯（Bill Sikes）把这个阴森的贫民窟当作了最后的避难所。狄更斯随泰晤士河巡警多次拜访过“雅各布岛”，对这个地方非常了解，他在小说中写道：

> 伦敦有许多隐秘之所，而这里堪称最肮脏、最奇怪、最非同寻常的地方……六幢房子后面共用一条破烂的木走廊，透过走廊上的破洞，可以看房子底下的污泥；修补过的破窗户里伸出一根根晾衣竿，用于晾晒亚麻衣服，却几乎从未有人用过；房间狭小逼仄，肮脏不堪，虽然房间挡住了下面的污物，但里面依旧臭气熏天；木屋位于淤泥的上方，摇摇欲坠，而有些房子早就已经掉下去了；墙壁肮脏不堪，地基也开始腐烂；每一处令人厌恶的地方都体现出贫穷，每一块污物、腐烂物和垃圾都是令人恶心的标志。

76 1849年，为了给《纪事晨报》供稿，亨利·梅休走访了“雅各布岛”贫民窟，并称它为“下水道里的威尼斯”（Venice of Drains）。此时正值霍乱流行的巅峰期。1847年，伦敦当局颁布了一项法律，要求厕所必须连接到主下水道。然而，主下水道把污水排入河流，使霍乱问题变得更加严重。未经处理的污水流入泰晤士河，受潮水影响，污水每天来回流动两次。在“雅各布岛”贫民窟里，厕所只不过是“悬挂在水面上、连门都没有的开放式茅房而已”。就像附近倾倒工业垃圾的工厂和制革厂一样，这些厕所直接把污物排入河里。

“水面上覆盖着像蜘蛛网一样的浮渣，还有五光十色的油脂……当我们沿散发着恶臭的下水道走过时，阳光照在一道狭窄的水面上。在明亮的光线下，它呈现出浓绿茶的颜色，而在阴影中，它看起来又像黑大理石般坚硬。事实上，它更像水状的淤泥，而不像泥泞的水；可怜的居民信誓旦旦地告诉我们，这是他们唯一的饮用水水源。”

在随后的1854年霍乱疫情中，对当时流行的瘴气理论持怀疑态度的约翰·斯诺（John Snow）博士首次证明了霍乱是通过水传播的。然而，伦敦当局30年后才接受了这个观点。他们觉得“粪口传播”的理念太恶心了，公众可能无法接受。

水务公司继续从泰晤士河抽水，但到了第二年，这种特殊的霍乱疫情已经蔓延开来，当局依旧无所作为。未处理过的污水和工业废水继续涌入泰晤士河及其支流，直到1858年，那是有历史记录以来最热的夏天，泰晤士河骇人听闻的现状最终成为富人和当权者关注的事情。

《泰晤士报》称，随着气温持续上升，伦敦民众现在都不愿 77
意在河边行走，因为他们“不仅担心患上疾病，而且会立刻感到恶心、头痛和头晕”。在媒体不断施加的压力之下，《泰晤士报》的另一篇社论抗议道：“他们什么都没做，就只是向河里倒了几船石灰。”

由于议会大厦（Houses of Parliament）坐落在泰晤士河河畔，政客们很快就发现他们身处所谓的“大恶臭”（Great Stink）中心。威斯敏斯特宫（Palace of Westminster）靠近河边的房间充斥着污水的恶臭气味，议员们抱怨说，他们只有两个选择，“要么打开窗户，被恶心的气味熏窒息和中毒”；“要么关上窗户，被高温炙烤”。与此同时，为了掩盖气味，工作人员用漂白剂浸泡威斯敏斯特宫的窗帘。议会暂停召开会议，而到了盛夏，政府几乎无法运作。“如果泰晤士河无法净化，”一名议员问道，“议会还能留在伦敦吗？”

《时代报》质疑道，既然“每个人都知道政府打算把污水从伦敦引向肯特郡或埃塞克斯郡（Essex）”，那为什么还要浪费时间召集议员开会呢？尽管这个问题涉及方方面面，但在1854年7月，议会仍在18天内通过了一项法案。英国首相本杰明·迪斯雷利（Benjamin Disrali）在对议会发表的讲话中描述了泰晤士河的状况：

> 长久以来，那条高贵的河流是英国人自豪感和快乐的来源。迄今为止，它一直与我们最伟大的商业壮举和最优美的诗歌章节联系在一起。而现在，它真的变成了一潭死水，如冥河般充斥着不可言喻的、难以忍受的恐怖景象。

78 在新法案的推动下，约瑟夫·巴扎尔格特（Joseph Bazalgette）设计的规模宏大的下水道系统于1865年开工建设，并于10年后完工。这是维多利亚时代市政工程的一项壮举，它把伦敦市的一些内河纳入下水道系统，污水在巨大的新河堤下奔涌不息（该下水道系统让泥滩寻宝人深感失望，因为它占用了泰晤士河的22英亩土地）。巴扎尔格特还希望通过缩窄泰晤士河市中心的河段，加快河水流速，席卷下游的其他污物，而不是让它们被潮汐困在伦敦。遗憾的是，下游排放的污水并没有像人们所希望的那样随着潮水流向大海，而是在河口周围形成了巨大的“泥堤”。事实证明，污物被冲得还不够远，于是到了19世纪90年代，伦敦出现了一支“细污泥清理船队”，这种船还有个别称，叫“博弗里尔船”（Bovril boat）。它们将从伦敦市分离出来的“固体污物”运到埃塞克斯郡的沿海城市布莱克迪普（Black Deep），然后倒入大海。

凌晨时分，我又听到石阶上方的过道传来回声。那时候，我已经在前滩逗留了好几个小时，虽然偶尔有人短暂地走下来，来到碎石滩上，但大部分时间里，那里都只有我一个人。我转过身，吃惊得发现另一名摄影师正在给一对夫妇拍婚纱照。这次，他们三个人都说中文，新娘穿着一件美丽的白色婚纱走向前滩。我似乎无意中来到了一个热门的婚纱拍照地，后面就是标志性的建筑物伦敦塔桥，只不过站在淤泥里不太能看得出来罢了。

维多利亚时代泰晤士河的恶劣状况，当然也对河里的自然生物造成了毁灭性的影响，泰晤士河的船夫曾抱怨说，他们的船桨被睡莲缠绕在一起。然而，受伤害最大的莫过于河里的鳗鱼。曾几何时，作为几百年来伦敦工人阶级的主食，泰晤士河的鳗鱼俯拾即是。毫无疑问，托拉迪家族的那几代人也以鳗鱼为主要食料。

几天前，我第一次在河滩发现了鳗鱼。那条鳗鱼已经死了，但它躺在潮湿的石头上，形成一条优雅的曲线，仿佛是在游向河里的过程中停下来似的（鳗鱼的一大特点就是它们身上有一层黏液，能够在陆地上穿行；此外，它们还能够通过皮肤吸收氧气）。

在冰箱尚未面世的时代，大多数肉和鱼都必须用盐腌制保 79
存，而要保存活的鳗鱼，只能把它放在一盆水或水坑里。随着伦敦人口激增，鳗鱼成为一种越来越受人们欢迎的街边小吃。19世纪中期，一些卖馅饼和土豆泥的商店开始出售装在绿色“烈性酒”里的鳗鱼。1854年，大卫·巴德姆牧师（Reverend David

Badham）在文章中描述了伦敦和伦敦的特色小吃鳗鱼：

> 伦敦盛产鳗鱼，炖鳗鱼更是数百万伦敦人的最爱。只需半便士，就可以买到六七条长长的鳗鱼。炖好之后，先把鳗鱼吃完，再呷一口富含胶质的炖汁，便足以填饱肚子。

过去，我母亲曾提到过东巷市场出售鳗鱼，所以，一回到康沃尔郡的家中，我就打电话给她，询问更多关于鳗鱼的事情（我们两个都说伦敦东区河口地区的方言，这种方言发音不够清晰，但她的听力完全没有问题）。

“妈妈，”我问她，“我能过来问你一些关于鳗鱼（Eels）的事情吗？”

“鳝鱼（Ills）？”

“鳗鱼（Eels）。”

“什么山（Ills）？”

“鳗鱼（EELS）！”

她也提高了声调：“病了（ILLS）？”

我们都搞不懂对方在说什么（原来，她一次听成了“鳝鱼”，另一次听成了“山”，第三次则以为我在问他们的健康状况）。

“鳗鱼，妈妈，鳗——鱼！”

“哦，鳗鱼啊。好啊，你当然可以过来。”

80 于是，我驱车数英里到母亲家里。她告诉我，在她小时候，她的妈妈（也就是我的外婆托拉迪）每周要去“巷子那头的菜市场”购物三次。鳗鱼是从鱼贩的摊位那里买的，活鳗鱼就养在摊位后面的金属盆子里。

“大家都不会买死鳗鱼。”她说。

“她总是花很长时间挑挑拣拣，我会觉得很无聊。”所以，每当外婆在鱼摊前面挑选鳗鱼时，我妈妈就会偷偷绕到后面，去摸那些鳗鱼。选好以后，鱼贩用报纸把它们裹住，拿起来，把鱼头砍掉。外婆用她的购物袋装着鳗鱼回家，此时的鳗鱼仍然在袋子里蠕动着。

20世纪70年代，我们搬到谢佩岛定居。在那里，鳗鱼并不那么受欢迎，所以，如果想买鳗鱼冻的话，就必须开车到伦敦人度假时居住的地方，即谢佩岛远端的房车宿营地。我一直不喜欢吃鳗鱼冻，我还记得，我小时候经常忐忑不安地看着家里人狼吞虎咽地吃鳗鱼冻。鳗鱼冻被切成块状，鱼皮是灰色的，带着冰冷的胶状物。他们津津有味地吃完鱼肉，然后从嘴里取出鱼骨。

这时候，父亲也加入我们的讨论。他说，他的母亲从小在岛上长大，从不会在家里养鳗鱼。因为它们长得像蛇，所以如果他在外面钓鱼的时候钓到了鳗鱼，会把它们扔回水里。但有一次，他和一位朋友在沼泽地钓到25条鳗鱼，只好把它们带回托拉迪外婆家里炖了（那时候，外婆和外公也搬到谢佩岛上住了）。回到家里的厨房后，他想把鱼头切下来，却怎么也按不住这些滑溜溜的鳗鱼。

“那简直是一场大屠杀，”他说，“没有头的鳗鱼从水槽里爬出来。”

他颤抖着说道：“墙上到处都是血，甚至连切成段的鳗鱼肉也不断地蠕动着。”

从那之后，他每次钓到鳗鱼，都会马上扔回水里。

81 根据它的颜色和瘦小的体型判断，我那天发现的那条被冲上河滩的鳗鱼是一条幼鳗。据说，幼鳗的英文名“elver”，是从“eel fare”或“eel fair”演变而来，意为年幼的鳗鱼每年要沿着泰晤士河逆流而上，进行大规模的迁徙。在维多利亚时代，幼鳗仍大量进入泰晤士河口，博物学家C. J. 科尼什（C. J. Cornish）描述了“它们是如何黑压压地聚集在泰晤士河两岸的”。这些翻滚扭动着的幼鳗很容易捕获，伦敦人成群地来到河边，卷起裤脚，拿着网、水桶或其他顺手拈来的工具，蹚水去捕鳗鱼。

泰晤士河一直盛产鳗鱼。从罗马时代开始，伦敦人就把蠕虫做成像羊毛球一样的诱饵，用来钓鳗鱼；或者借助鱼叉、罐子、渔网和陷阱等工具捕捞鳗鱼，这些方法沿用了数个世纪。然而，20世纪20年代之前，没人知道这些幼鳗从何而来。两千多年来，哲学家和科学家一直在猜测鳗鱼的繁殖之谜。古希腊的亚里士多德（Aristotle）提出：幼鳗来自蚯蚓，是从“潮湿土壤的内部”生长出来的。400年后，即公元1世纪，罗马人普林尼（Pliny）认为，只要用鳗鱼的身体摩擦岩石，“它身上掉下来的皮肤碎片就会生长出新的幼鳗”。后来，其他一些稀奇古怪的理论也多了起来。比如鳗鱼产自它们自身的黏液或一种特殊甲虫的肛门，甚至有人认为鳗鱼是阳光照射露水后形成的。一名主教告诉英国皇家学会（Royal Society），幼鳗是“从茅草屋的屋顶上滑下来的”。

1922年，丹麦科学家约翰内斯·施密特（Johannes Schmidt）首次发表了关于鳗鱼繁殖的科学理论。事实上，鳗鱼繁殖的真正原理和那些古怪理论一样奇特。施密特回溯鳗鱼幼体的行动轨迹，最终到达了马尾藻海（Sargasso Sea）。如今我们都知道，地球上所有河流、内陆池塘和泥泞沟渠中的鳗鱼最初都来自大约3000英里外百慕大（Bermuda）周围的海洋。那片海域充满了传奇色彩，有“船舶坟场”之称。汤姆·福特（Tom Fort）在《鳗鱼之书》（*The Book of Eels*）中写道，每一条鳗鱼都“来自地球上最奇妙海洋的最深处，那里悬浮着许多油囊，每个油囊里包裹着一颗鳗鱼卵，幼鳗就产自这些鱼卵”。马尾藻海形似飓风眼，位于一个圆形的“涡流”中心，而该涡流由五股洋流汇聚而成。“马尾藻海”得名于海面上漂浮着的大片马尾藻类海草。15世纪的欧洲水手第一次穿越马尾藻海时，他们发现，由于那片海域风平浪静，一些失事和遭遗弃的船舶被海草困住。关于马尾藻海的故事就这样流传开来。也许是因为海洋和陆地的巨变，鳗鱼才进化成如今的样子，但无论什么原因，欧洲的鳗鱼只有回到遥远的海洋才能产卵。

鳗鱼幼体摆脱了马尾藻的涡流之后，就会随墨西哥湾流 82
（Gulf Stream）漂向欧洲，这段旅程需要花1~3年。有些幼体留在了海岸或河口，另一些幼体则在涨潮时进入河流并逆流而上。退潮时，透明的幼体紧贴着河岸，因为河岸是潮水流速最弱的地方（逆流而上时，幼体在这个阶段最容易被捕获）。然后，盐度的变化促使它们转变成幼鳗，就像我发现的那条幼鳗一样。在接下来的10~15年里（偶尔需要30~40年），成熟的鳗鱼来去无踪，它们大多在晚上捕食，冬天则藏在泥洞里禁食。令人难以置信的是，它们繁殖的唯一方式就是返回马尾藻海。没人能确定是什么引发了这种艰苦卓绝的大迁徙活动，但到了某个秋天，鳗鱼肌肉发达的身体开始变成银色；它还会停止进食，肠道退化，因为它要为3000英里的旅程储存能量（海里的银鳗无法捕获，因为它们不吃诱饵）。暴雨过后的朔夜，鳗鱼通常会离开安全的泥滩，开启穿越大西洋的艰苦旅程。过去，这种大迁徙的规模非常惊人。有人曾目睹过大量的鳗鱼在湿草中扭动着，前往小溪和河流。它们究竟靠什么找到回家的路？这曾经是个谜。但最近的研究表明，鳗鱼借助地球磁场来确定墨西哥湾流的位置，然后顺着温暖的洋流回到马尾藻海。

83 在维多利亚时代的伦敦，由于污染和过度消费，泰晤士河的鳗鱼遇到了大麻烦。伦敦市人口迅速增长，不仅消耗了大量本地鳗鱼，还要从海外进口鳗鱼。荷兰的鳗鱼船是泰晤士河上最奇特的船只，这种船有宽大的“漂浮装置”，为船上装鳗鱼的水箱源源不断地提供活水。从1699年开始，伦敦海鲜市场（Billingsgate）给予荷兰鳗鱼船税收特惠，以感谢他们在1666年伦敦大火后对伦敦人的帮助。到了19世纪，由于污染对泰晤士河的鳗鱼的负面影响，荷兰鳗鱼船不得不在泰晤士河下游停泊。

1858年的“大恶臭”事件使泰晤士河的状况变得极其糟糕，荷兰鳗鱼船再也无法停泊在市中心附近，因为被污染的泰晤士河水会涌入装着进口荷兰鳗鱼的水箱，所以鳗鱼船只能停泊在离市中心较远的下游河段。1865年，巴扎尔格特下水道系统启用之前，未经处理的污水对泰晤士河的所有鱼类种群来说都是一场巨大的灾难，因为分解废水的细菌消耗了溶解在水中的氧气。随着大量污水排入泰晤士河，鱼类几乎没有了生存空间。

此后的几十年里，维多利亚时代新建的污水处理系统极大地改善了泰晤士河的状况。但在第二次世界大战期间，污水处理系统遭到飞机轰炸，受损严重，未经处理的污水再次大量涌入泰晤士河。到了1957年，也就是发生“大恶臭”事件几乎一个世纪以后，12英里的河段被宣告“生物性死亡”，鳗鱼消失得无影无踪。泰晤士河上游的所有鳗鱼都必须游过伦敦市中心才能完成迁徙和产卵，因此，消失的鳗鱼影响了无数支流、小溪和村庄池塘里的生物种群。

最近几十年来，环保措施变得越来越严格，流入泰晤士河的 84
工业废水、农药和化肥的数量有所减少，水质也大幅改善。如今，泰晤士河里有125种鱼类，偶尔还会出现鼠海豚、海豹甚至海马。尽管河流治理取得了显著成效，但鳗鱼的数量却急剧下降。近年来，泰晤士河的鳗鱼数量下降到20世纪80年代的5%以下，且这种情况发生在整个欧洲。虽然鳗鱼可能没有大熊猫和北极熊那样的感召力，但曾经数量丰富的欧洲鳗鱼现在也被列为了极度濒危物种，面临着灭绝的危险。

尽管科学家无法确定鳗鱼数量急剧下降背后的真正原因，但有人认为，这是由一系列因素造成的，而其中许多因素影响了鳗鱼进行大规模长途迁徙的能力，比如堰、坝、防洪堤等人造障碍物，以及非法捕鱼和一种会侵袭鳗鱼鱼鳔的外来寄生虫。还有一种可能性就是不断变化的气候和变暖的海洋正在改变洋流，尤其是墨西哥湾流，不仅影响那些到达欧洲的幼体，还会影响洄游产卵的银鳗。马尾藻海浩瀚无边，如果鳗鱼的数量下降太多，即使洄游成功，它们也可能无法找到配偶。

有人对泰晤士河进行研究时，偶然发现了鳗鱼所面临的另一种威胁。研究人员在使用长袋网（一种固定在河床上的传统捕鳗陷阱）进行环保测试的过程中，发现他们的网无法像预想中那样捕捉到鳗鱼和毛蟹，而是装满了塑料。事实证明，塑料不仅仅漂浮在河面上，大量隐藏在水下的塑料也正沿着河床缓慢地流向大海。很多人开始意识到，我们正在复制维多利亚时代的旧模式，即“先污染后治理”，但恰恰是这种模式摧毁了泰晤士河。

85 忙活了一整天，我只淘到了为数不多的几件物品。我扫了一眼袋子，返回杂草丛生的石阶，走进通往街道的隧道。60年前，也就是泰晤士河被宣告生物性死亡的那一年，我母亲就读的学校离这里只有10分钟的脚程。学校周围有一家胶水厂、一家肥皂厂和一家制革厂。我记得母亲说过，学校里每个人都会一直关着窗户，只有法语老师大喊：“打开窗户！”有人打开一扇窗户，结果整个教室变得恶臭无比。

在那之前，托拉迪家族三代人的居住地与东巷市场只相隔了几条街。那段时期，随着人们继续从农村涌向城市，伦敦人口爆发性增长。1800年，伦敦人口只有100万，一个世纪后已接近700万。随着城市不断向市中心以外的地方扩张，我母亲那代人率先搬离了沃尔沃斯。随着时间的推移，像大部分其他人一样，托拉迪家族的四个兄弟姐妹又搬到了更远的地方，而我的家人则继续像鳗鱼一样沿泰晤士河下游迁移到海边。20年后，我们搬到了位于泰晤士河河口的谢佩岛。正是在谢佩岛的海滩上，我第一次得知伦敦的垃圾也经历了类似的旅程。

因为，一旦民众无法接受郊区堆积成山的垃圾，它们就必须被倾倒在更远的地方。

第二部分　河口

第4章

瓶子海滩，沼泽地

清晨，汽车引擎的声音将我吵醒。我的房车停在一位老朋友 91
的私家车道上，旁边是主干道。我昨晚睡在车顶的帆布帐篷里，醒来时感觉就像在人行道上搭了个帐篷睡觉似的。我用脚踩着驾驶座的座椅靠背，从车顶爬下来，用水壶烧开水。几分钟后，车窗就沾满了水汽，仿佛蒙上了一层面纱，让人看不清郊区的一排排房子和停靠在路边的汽车。

我之所以在路边过夜，是为了能赶上早上的潮汐。泰晤士河口有很多地方原本是洼地，后来人们采用废渣和垃圾填埋法人为地抬高了地势，那天我要去的正是其中一处垃圾填埋场。几百年来，伦敦市民的生活垃圾需通过驳船运离市中心，所以这些垃圾填埋场通常都很靠近泰晤士河。然而，这会让填埋场面临着被潮水侵蚀的风险。每当涨潮时，潮水冲刷河岸，那些被填埋了数十年或数个世纪的垃圾就会暴露出来。我选择了肯特郡斯维尔（Swale）沼泽地的一处垃圾填埋场，那里靠近谢佩岛，在20世纪初，驳船运出城的垃圾就被倾倒在那里。

我收拾好房车，出发向河口驶去。斯维尔沼泽地位于泰晤士 92
河和梅德韦河（Medway）的交汇处。16世纪，“斯维尔”的含义就是“沼泽洼地”。我从小就很熟悉那里的景物，辽阔的草场大多是人们从潮间带盐沼湿地中开垦出来的，这些区域被称为“内陆沼泽”，而不是围篱地。它们被古老的溪流和沟渠系统分隔开，朝海的那一端由防波堤保护着。防波堤建于中世纪，最初用不透水的“夯实黏土”建造而成，而黏土来自附近的“取土堤”。如今，这条防波堤的某些地方在后来的使用过程中已经“石化”。不过，就像伦敦市中心被埋在建筑物下方的河滨地带一样，早期的防波堤通常更靠近内陆，也说明了填海造地是一个循序渐进的过程。与泰晤士河口的大部分地区相似的是，长久以来，斯维尔沼泽地一直在填海造地，却又难逃土地流失的命运，因为低洼的土地永远有被潮水淹没的风险。自中世纪晚期以来，每个世纪都有来自北海的风暴潮破坏海堤、造成泰晤士河口被洪水淹没的记录。据目击者描述，风暴潮来临之前，会有一段诡异的低潮期，与往常相比，潮水退得更远，持续的时间也更长。

我沿着沼泽地的小路走到河口边缘，翻过海堤，来到由泥滩和潮间带盐沼湿地构成的自然环境之中，那里有很多小溪和溪流，其水量的盈亏取决于潮水的涨退。近岸处的地平线上分布着一系列湿地岛，低得几乎看不见，早已被大海所淹没。

到了19世纪末，越来越多伦敦的垃圾流向下游的沼泽地，当局开始寻求新的手段来处理日益增多的垃圾。当时，伦敦人制造的垃圾实在太多，导致原有的垃圾分类和回收方法变得不切实际，且成本太高。19世纪50年代，亨利·梅休探访伦敦一座垃圾场之后不久，垃圾回收市场就开始崩溃了。工业向机械化转变，制造商更容易以低廉价格获取未使用过的原材料，不再依赖于回收的原材料；再加上人工费用持续上涨，许多著名的废品回收市场开始衰落。

此外，还有另一个同样重要的因素：家庭使用的化石燃料从煤炭向天然气转变。这就意味着大部分家庭垃圾不再是有回收价值的煤灰，而除掉煤灰，剩下的垃圾几乎不值得加以分拣。由于回收垃圾无利可图，私人垃圾承包商的运营成本变得越来越高。所以，到了19世纪80年代，处理伦敦垃圾的重担就落到了教区当局肩上。

有一段时间，垃圾处理行业采用巨大的高温焚化炉，也被称 93
作“垃圾焚化炉”。与早期的火葬场一样，这种带技术含量且“卫生的”解决方案很适合维多利亚时代的伦敦，因为当时的人们认为火是一种伟大的清洁手段。一些焚化炉还能产生电能，例如：霍克斯顿（Hoxton）发电厂的铭文上写着“E PULVERE LUX ET VIS”，意思是“来自垃圾、光和能源”。但是，焚烧垃圾所产生的排放物臭气熏天，惹得周边居民极度反感；再者，用驳船把垃圾运出伦敦比直接焚烧垃圾要便宜得多。正如伦敦郡议会（London County Council）一名官员谈及垃圾处理时所说的那样，“最天然的解决办法就是把垃圾倾倒在一些人口稀少的地区，那里的公众舆论不足以让这种做法招致不满”。

显然，泰晤士河口的沼泽地是最佳选择。

我在河口开阔的延伸地带贝德拉姆洼地（Bedlam’s Bottom）的路旁停车处停好车。现在还不到早上6点，潮水位仍然太高，我要去的海滩上找不到什么东西，于是我先煮了咖啡，准备带到海边喝。时值夏日，没有一丝风，路边浅绿色的草地也没有任何动静。小路的旁边就是洼地，虽然潮水已经退了，但浅浅的洼地几乎还是灌满了水。这么多年来，我第一次闻到沼泽地边缘的气味，空气里有盐、淤泥和腐烂物体的味道，腐烂味来自被泥水泡黑的植物根茎。

在沼泽地旁小路上的某个地方，一辆摩托车发动机回火，发出爆燃声，我这才注意到背后车辆经过时的微弱嘈杂。这片沼泽地给人一种奇怪的感觉，既荒凉又偏僻；然而，它的边缘却被远处的工业设施所包围。在晨光的照耀下，沼泽地边缘呈现出一种柔和的蓝色，那里有码头起重机短暂出现的身影、几乎没有转动的风力发电机以及由下垂的输电线构成的精美图案。几英里外，金斯诺斯发电站（Kingsnorth Power Station）的冷凝塔沐浴在一抹红粉色的早霞中。

94 洼地的另一边，镜子般的水面矗立着一根船尾柱和几根变黑的肋拱。就像马尾藻海一样，贝德拉姆洼地也是一个著名的驳船墓地，那里安躺着许多驳船的残骸。这片如死胡同般的洼地被来自谢德渠（Shade）的水淹没，谢德渠是斯坦盖特河（Stangate Creek）附近的一条狭窄水道，驳船在使用寿命结束后，就会被其他船只通过谢德渠拖到贝德拉姆洼地。在这里，它们“被留在沼泽地上”，在泥泞的沼泽地边缘慢慢沉没。由于早上的潮汐水位较高，我几乎看不见船的残骸。然而，在海图上，整个贝德拉姆洼地都是警示标识，显示该地有沉船，非常危险，还有几处地方印着“无数艘沉船”的字样。

部分巨大的驳船残骸曾属于当地的制砖企业伊斯特伍德（Eastwood）公司，它们曾被用于把砖运到伦敦。从伦敦返回时，驳船并非空手而归，而是把伦敦市的垃圾或“废弃物品”带回沼泽地。这些货物散发出极其难闻的气味，尤其是在夏天，驳船上苍蝇成群。运输垃圾还可能面临自燃和二氧化碳烟雾的双重风险。作为预防手段，船员长期在船舱里点一盏灯，当船舱缺氧、火焰变得微弱时，他们便立刻走出舱室，前往甲板。

尽管回程装载的货物令人恶心，但到了19世纪中期，为了争夺这些货物的处理权，垃圾承包商展开了激烈竞争，驳船经常“抢夺拐弯的时机”。有人认为，这就是“泰晤士河驳船赛”（Thames Barge Match）的起源。此项赛事由垃圾承包商亨利·多德（Henry Dodd）发起，是世界第二古老的帆船比赛。据说，在《我们共同的朋友》（*Our Mutual Friend*）这本小说中，查尔斯·狄更斯正是以亨利·多德为原型塑造出富有的“金光灿烂的清洁工”（Golden Dustman）这一角色的。多德出生于一个贫穷的家庭，他宣称自己曾在伦敦的一座垃圾场当过清洁工，后来成了垃圾承包商。不过，此前他一直没有赚到大钱，改用驳船运输垃圾之后，他才发财的。他先是雇用了一支泰晤士河驳船船队，然后成为船队的投资人，接着又买下了几家砖厂。到了19世纪70年代，这位白手起家的垃圾承包商已成为英国最富有的平民之一。1881年，当多德去世时，他留下的遗产包括一座詹姆士一世时期的庄园住宅和超过11.1万英镑现金，总价值相当于如今的700万英镑。

我端着一大杯咖啡，站在那里看苍蝇和蚊子在空中飞舞。它 95
们薄纱似的翅膀后面就是黑色的积水潭。很少有人选择住在沼泽地旁，原因之一就是沼泽地盛产蚊子，会影响人体健康。那些住在沼泽地附近的人面临着所谓的“疟状热”或“沼泽热”的风险，这种病实际上就是疟疾。和瘴气的英文“miasma”一样，疟疾的英文“malaria”起源于“有毒空气”的概念。17世纪，到过这里的游客描述称，“沼泽地产生的有毒水蒸气使居民持续患上疟疾”。由于居住的人少，沼泽地也因此成为倾倒垃圾的理想场所。

几百年以来，斯维尔沼泽地不仅是伦敦的垃圾场，也是政府安置老弱病残或罪犯的地方，尤其是斯坦盖特河两岸有屏障的水域，为那些被隔离的“瘟疫船”或浮动囚船提供了理想的停泊环境。1665年的大瘟疫（Great Plague）暴发后，斯坦盖特河成为船只进入伦敦前接受隔离的主要场所。政府设立该隔离点的初衷是防止欧洲大陆暴发的瘟疫传入英国，后来则是为了隔离感染黄热病、天花和霍乱的船员。停泊在斯坦盖特河上的囚船和战俘船同样疾病盛行。囚船由退役的海军军舰简单改装而成，以缓解伦敦监狱过度拥挤的状况；战俘船则关押着拿破仑战争（Napoleonic Wars）期间被俘的法国士兵。由于空间狭窄，生活环境肮脏，各种流行病迅速传播，导致极高的死亡率。正如伦敦的墓地“人”满为患一样，囚船和战俘船也面临着处理死者遗体这一紧迫问题。

96 在沼泽地上，解决这个问题的办法就是把死者埋在亡灵岛（Deadman's Island）。亡灵岛位于谢佩岛附近，我小时候就知道这座岛屿，因为我父亲有时会在它的周边区域钓鱼。他的船安装了一种独特的声音探测引擎，那台引擎是从一辆自卸货车上拆下来的。在亡灵岛上，来自斯坦盖特河的死者被埋葬在无名墓穴中。当时，这些坟墓的挖掘深度接近法定的六英尺，但如今，由于海平面上升和英格兰东南部地面下沉，那些棺材和骨头正从淤泥中显露出来。

这座低洼岛屿的所有权属于自然英格兰组织（Natural England），是湿地鸟类的重要筑巢地，人类禁止登岛。我只在照片和电影中看到过这座岛屿，图片中的它显得既怪异又触目惊心。就像沼泽地的很多地方一样，岛上有低矮的泥崖，其高度不超过六英尺，常年被河口的潮汐冲刷。有些图片非常令人不安：在泥崖下面，早已破碎断裂、形状各异的棺材从光滑的淤泥中凸出来，人骨躺在淤泥表面或漂浮着的海扇壳中，包括一块颚骨、一块骨盆的曲面，还有一段由于长期暴露在空气中而布满藤壶的股骨。

亡灵岛位于水流较强的主航道上。有人预测，气候变化会导致暴风雨和浪涌量增加，所以整个泰晤士河河口的侵蚀率将会上升。这意味着我们隐秘的历史将会重新浮出水面。按作家罗伯特·麦克法兰（Robert Macfarlane）的说法，这是一场不合时宜的“人类挖掘活动”（Anthropocene unburyings）。在接下来的几十年里，除了那些我们自认为已处理掉的大量垃圾之外，这个小岛的沼泽地将不断释放出数百副人类遗骸。

半小时后，我开车进入下哈尔斯托村（Lower Halstow），沿着一条整洁的小路来到沼泽地的边缘。通往海岸的小路从那里穿过如今的“砖厂自然保护区”（Brickfields），尽管砖厂在1966年就关闭了，但其名称保留了下来。从那以后的半个世纪里，由山楂树和荆棘组成的灌木丛肆意生长，覆盖住了工业化的遗迹，而在小溪的尽头，小码头空无一人。

下面的海滩被当地人称为“瓶子海滩”（Bottle Beach）（河 97

口沼泽地的不少海滩都叫“瓶子海滩”），因为海滩上到处都是陶器和玻璃碎片，它们跟随驳船倾倒的垃圾来到这里。在海岸的最高处，我踩着各种散落着的器皿碎片走过，包括带花卉图案的碟子、杯柄、瓶颈、罐子边缘，以及来自一把浑圆茶壶的半边壶嘴。在伦敦人的垃圾桶里，这些都是最常见的物品。

垃圾被清洁工运走后，由驳船运出市中心。垃圾可分成两类，一类是未分拣的家庭垃圾，也叫“粗垃圾”；另一类则是经过初步分拣的垃圾，又被称作“初捡垃圾”，因为它含有更多煤灰，价值更高。到达小河边的码头后，驳船把未分拣的垃圾卸下来，倾倒在砖厂周围散发着恶臭的土堆里。这些垃圾通常会被留在那里长达一年或更长时间，让有机物自然腐烂或被鸟类和老鼠吃掉。到了那时候，垃圾才适合分拣。在当地，垃圾分拣工的工作被称为“探查”（scrying）（“scry”一词被认为是“decry”的变体，即“通过仔细观察去发现”之意）。至少从理论上讲，分拣工发现有价值物品并将其出售后，收益都归他所有，所以当地的拾荒者会定期造访垃圾场。

就像在伦敦的垃圾场一样，探查后剩下的东西还要“筛选”，也就是筛选工穿着围裙，用金属筛子撞击自己身体，把煤灰分离出来（到了20世纪，他们仍使用手摇机器）。然后，细煤灰从筛子里落下来，与黏土混合在一起，混合物用于制砖；较粗的煤灰则用于制作窑炉所需的耐燃燃料。剩下的大部分硬质垃圾主要由陶器和玻璃构成，它们将被倾倒在垃圾场周围，用来填补制砖黏土被挖走后留下的大坑，这些坑位于已废弃砖厂周围那些看上去更诡异的山丘下面。在沼泽地里，硬质垃圾也被用于加固防洪堤和抬高低洼地面，为持续进行的填海造地工程贡献一份力量。

我在海滩上走着，脚下发出嘎吱嘎吱的声音，那是最近铺 98
上去的粗垃圾。这些坛坛罐罐的碎片被扔在沼泽地里，经历了一个多世纪潮汐的冲刷，与刚装上驳船时令人讨厌的垃圾相去甚远。但是，它们身上仍保留着一些线索，让我们知道20世纪初人们的生活习惯是如何改变的，以及我们铺张浪费的根源在哪里。

在泥泞的海边，我先捡到了一只沉重的瓶子。这瓶子几乎完好无损，而当我仔细端详它时，一股泥水从挂在瓶子后面的海草里流下来。这是一只黑色的旧玻璃瓶，瓶身很厚且不透明，凸起的瓶颈不是完全笔直的。这种瓶子是用来将葡萄酒舀出酒桶，放在桌子上供人们饮用的，它的大部分重量落在底部的拱形凸起上（如今的红酒瓶也有类似设计，这让我想起了一句描述酒鬼的话：“他一直喝到瓶子见底。”）。它看起来比海滩上的其他瓶子要旧得多，这在维多利亚时代的垃圾场里并不少见。19世纪中期以前，装食物的容器通常都很坚固，而且很耐用，其样式需满足易清洁、易重新填充和重复使用的要求。维多利亚时代以前，若人们扔掉一个瓶子，并不是因为里面没有装东西，而是因为它破了（即使破了，人们也会尝试用各种手段修理瓷器和玻璃，比如用金属铆钉或用树液、大蒜和奶酪制成的糨糊把它们粘起来，或者把它们绑起来，在牛奶中煮沸）。在年代大致可考的垃圾场中，考古学家发现了一些玻璃瓶，它们似乎已经被重复使用了一百多年。

海滩低处的陶瓷碎片表明，维多利亚时代的英国家庭还拥有一系列实用的陶瓷碗和罐子。19世纪末以前，英国家庭里所使用的大多数物品都不是现成的商品，而是人们从商店里购买原料，然后在家里把原料混合起来制成的。人们有各种日用品的制作配方，包括酱汁、黑鞋油、蛋清发油以及用氨水和“老朗姆酒”制成的洗发香波。居民都在当地购物，大部分食物都很重，而且用纸袋包装；至于麦芽酒、牛奶和奶油等食品，他们会从家里拿罐子来装。除了残羹剩饭和骨头等有机残骸以外，维多利亚早期的垃圾桶里几乎没有任何食物残渣。

99 到了上午10点左右，我提的袋子已经很重了。我几乎没有注意到潮水已经退去，滑溜溜的泥滩现在延伸到了地平线上，仅剩远处的一条排水沟，折射出天空的色彩，犹如一道彩带。近处，巨型驳船肋拱正慢慢腐烂，而在较远处，几艘游艇东倒西歪地搁浅在淤泥上。

前滩，曾经漂浮着的海草与瓶子纠缠在一起，并倒在瓶身上，掩盖了它们的形状。于是我四处翻看，在水塘里把瓶子洗干净，仔细端详瓶子的细节。旧玻璃有一些奇妙的线索，我可以从中了解它是如何制造出来的。与其他年代相近的垃圾填埋一样，这个海滩通常会出现一些很有代表性的瓶子，让我们知道制瓶业是如何像其他许多行业一样告别手工制作技术的。

到目前为止，在我捡来并洗干净的瓶子当中，我最喜欢的是一只精致的浅绿色瓶子。虽然大多数瓶子都残缺不全，但它们最吸引人之处在于手工吹制所形成的小瑕疵和不规则的细节，比如瓶身不对称、厚度不均匀、玻璃内有气泡［根据气泡的不同大小，收藏者把玻璃气泡分为细长形气泡（seeds）和圆形气泡

（blisters）］。吹玻璃是一个古老的行业，最早的瓶子都是无模人工吹制的，这又是一门需耗费大量时间的手艺，几百年来，吹玻璃工艺几乎没有任何改变。玻璃吹制工先把沙子、钾碱和石灰的混合物放入坩埚中加热，使其熔化到类似糖浆的稠度，然后将吹管浸入玻璃浆中，管子的一头粘上黏稠的玻璃浆，再用嘴对着管子的另一头，把玻璃浆吹成中空的球体。紧接着，工人将半熔融的玻璃放在石头上滚动，或者用手指旋转吹管，使球体变成瓶子的形状。玻璃冷却后，工人再把它从吹管上剪下来，瓶颈重新加热，并滚动瓶口，使其变得光滑。这是一个漫长且极其讲究技巧的过程，正因为耗时费力，当时的玻璃瓶才非常昂贵，即使是富人，也会把自己的空玻璃瓶送到葡萄酒商那里，委托酒商重新灌装葡萄酒。

判断玻璃瓶是否为人工吹制的线索之一，就是看它的底部有 100
没有一个圆形疤痕。这种疤痕被称为“铁棒疤痕”，也是造成红酒瓶底拱形凸起的部分原因。拱形凸起也被称为“岛形凸起”，能给人酒瓶装满酒的错觉。为了吹制瓶颈，玻璃吹制工会在玻璃瓶底部固定一根铁棒。玻璃冷却后，工人需要把瓶子轻轻敲下来，就会在瓶底留下疤痕（玻璃吹制工知道拱形凸起是如何形成的，所以也把它称作“支撑点”）。正是由于凸起的铁棒疤痕以及玻璃冷却时底部会下垂，无模人工吹制而成的玻璃瓶必须靠拱形凸起才能水平站立。

加快玻璃瓶制作速度的第一步就是使用木制模具，这与陶土烟斗的生产相类似。最早的模具由实木挖空而成，但随着模具设计行业的发展，模具很快就演变成了两件套和三件套，以及后来的铰链式模具和适应性更强的金属模具。无论使用哪一种模具技术都会在玻璃上留下痕迹，而在我迄今发现的玻璃瓶中，大多数瓶子的侧面都有一道明显的接缝。最古老玻璃瓶的接缝出现在瓶身边缘中段，有时则停留在瓶颈和瓶肩上，这表明那些部位是工人手工添加在用模具吹制的瓶身上的。今天，我捡到了一只残缺的、瓶身雾茫茫的浅绿色玻璃瓶，我非常喜欢它。其瓶身之所以雾茫茫的，是因为它在窑炉或火里熔化了一点，瓶肩上的接缝也错位了，就像一个人匆忙间穿上了衬衫。

从手工制造转向模具化生产以后，玻璃瓶的产量大幅增加，价格也开始下降，制造商们迈出了规模化生产的第一步。

101 这天早上，我捡到的另一件喜欢的物品是一只沉重的玻璃瓶，它的里里外外布满藤壶。瓶身的一面有“R. white”这几个凸印字母，另一面则写着“已收押金”。多年来，我在这里看到了不少“罗伯特·怀特”（R. White）品牌的酒瓶，通常是那种很重的、专门装姜汁啤酒的粗陶瓶。1845年，罗伯特·怀特和他的妻子在伦敦南部推着一辆手推车四处兜售姜汁啤酒。后来，他们在市场里买了一个固定摊位。随后几十年，糖的价格不断下降，罗伯特和其他饮料制造商都赚了不少钱。到了1894年，罗伯特的公司旗下拥有七家工厂，除了销售粗陶瓶装的姜汁啤酒外，还推出了玻璃瓶装的碳酸饮料。

对玻璃制造商来说，碳酸饮料中的气体从一开始就是个大难题，因为随着时间的推移，气体积累的压力会把软木塞挤出来或把瓶底炸掉。于是，有人设计了一些外观更奇特、更容易收藏的玻璃瓶，包括我们在旧货店里经常看到的“汉密尔顿”（Hamilton）

鱼雷状玻璃瓶。我已经见过几个部分埋在淤泥里的“汉密尔顿”瓶，瓶子的两端呈圆形，不易摔烂，其中一只瓶子有部分凸印文字“SCHWEP”。这种新式设计的理念就是，由于鱼雷状的瓶子无法站立，商贩们就必须把它们横着放，软木塞得以保持湿润状态，从而防止木塞收缩，确保其良好的密封性能。

怀特还采用了另一种被称为“科德瓶”（Codd bottle）的设计，其发明者是海勒姆·科德（Hiram Codd）。科德瓶是旧货店里的常见物品，它的瓶颈内有一块大理石，气体的压力迫使大理石向上顶住瓶口，达到密封效果。要打开瓶子倒饮料，只需把大理石往下按，然后摇晃瓶子，就可以重新封住瓶口。遗憾的是，我从淤泥里捡起的那几只瓶子的瓶颈都断了，大理石不知所踪。这些大理石在垃圾场很常见，因为孩子们会砸碎瓶口，把它们取出来。

为了寻找玻璃瓶制造方法的线索，我比平时收集了更多的瓶 102
颈。在20世纪生产的玻璃瓶瓶身上，接缝从瓶底一直延伸到瓶口，说明它们完全是由机器制造出来的。1903年，第一台全自动制瓶机面世，从那时起，玻璃瓶的样式变得越来越整齐划一。由于像科德瓶这种有设计感的瓶子只能手工制作，制造商将它们逐步淘汰。慢慢地，人工吹制玻璃所造成的瑕疵和缺陷消失了，随之消失的还有这些独特缺陷带来的丰富实体语言。玻璃瓶不再有拉伸纹、歪扭的瓶颈或皱纹；它们不再凸起、晃动或下垂，也不会因为有橘皮纹理或泪珠状的水泡而被销毁，或者成为许多收藏家争相收藏的物品。相反，它们变成了标准化、千篇一律的形状。

这意味着在整个20世纪初，制瓶产量激增。随着玻璃瓶的制造成本变得越来越低，制造商开始使用玻璃瓶来包装更多产品。例如，以前人们购买茶叶时，会先在商店里称重，然后用纸包裹好带回家；而现在，买家可以用玻璃瓶装茶叶了。玻璃瓶价格的下跌，再加上消费者收入的增长，意味着商店开始储存预制食品，把它们销往一个更广阔的市场。除此之外，机器制造的新式玻璃瓶和玻璃罐子现在可以装酱汁、调味品、预制婴儿食品、肉糜和鱼糜［在20世纪初的垃圾场，带肋排的“希帕姆”（Shippam）牌羚羊肉糜罐子尤为常见］。瓶装肉汁特别受家庭主妇的欢迎，有了这种产品之后，她们不必再为了准备骨头汤存货而花好几个小时在厨房里熬汤了。

到了1912年，制瓶机每分钟可以生产出50只玻璃瓶。随着英国公路和铁路网络不断改善，商品可以在全国范围内进行分销，这就为企业进军大众市场提供了可能。总的来说，整个行业都发生了变化，并产生了深远的影响，制造商不再依赖技术娴熟的工匠，转而采用专业的机器，加快了从依赖肌肉力量向依赖化石燃料的转变。随着商品产量增加、价格下降，英国各地民众得以购买更多种类的产品。

103 出于上述原因，玻璃瓶的供应量很快就超过了重复使用瓶子的需求。这种“单向”转变也开始影响产品的设计，瓶子和罐子的形状变得越来越奇怪和独特，虽然辨识度很高，但不能重复使用。今天我见到了几只破碎的棕褐色球形玻璃瓶，里面曾装过保卫尔牛肉汁（Bovril）或马麦酱（Marmite），但我没有把它们捡走。在第二次世界大战前的很多年里，英国家庭垃圾桶里的废弃玻璃越来越多，其中相当一部分来自伦敦，并最终被倾倒在河口的沼泽地上。

到了中午，我感觉很热，头有点晕。在盛夏的阳光之下，我找不到遮阴之处，沼泽地让我回想起小时候那种荒凉的感觉。天气很快就变得酷热无比，海岸的低洼区域也开始干涸，至少表面已经被晒干。墨角藻已经变成了灰白色，表面上结着一层盐，颜色单调，像冬天结霜时那样闪闪发光。我把一片干硬的墨角藻掀开，想看看下面一只汤力水瓶子上的凸印图案。这时候，一只食草蟹从瓶子里冲了出来，往一侧逃跑了。我又换了个地方，看到一只海螺像软木塞似的堵住了一只断裂的瓶口，还有几只海螺聚在一起，躲在一个塞满淤泥的奶油罐子边缘下面。沼泽地里到处都是小生物，它们藏在陶器碎片下面潮湿的巢穴里，耐心地等待潮水退去，泥浆裸露出来，然后出来寻找遮阴处和躲避海鸥的啄食。我发现了一只茶壶的残骸，当我把它提起来时，泥地里形成了一个喷嘴状的水坑，许多小虫和小虾在里面扭动着。

海滩上还有另一样奇怪的东西，那就是玻璃燃烧或熔化后留下的奇形怪状的物体（其中一些是砖窑用作隔热的硬质材料，不过这种所谓的“篝火玻璃”也可能来自焚烧过后的垃圾，或者是垃圾场的烧结物）。泥地里的瓶子常常像某个扭曲的脸部器官，例如：下垂的玻璃嘴巴长着藤壶的牙；从泥潭里伸出来的瓶子宛如一只巨大的鹰钩鼻。有些瓶子在火烧过程中产生了气泡或变得不透明；有些瓶子则起了褶皱，犹如大象的皮肤，又或者形似周围的硬质材料。在正午的阳光下，大部分瓶子都裹着一层被阳光晒干的墨角藻，它们有的相互粘连，有的呈撕裂状，悬垂在瓶子上，犹如万圣节时人们所穿的奇装异服。

这条隐蔽的小溪遍布垃圾，几乎成了一座暗礁——一堆由破罐烂瓦组成的移动暗礁。然而，在这一潭死水中，水流流速缓慢，即使物体移动，也不会流向很远的地方。我发现了一些很重的瓶子，它们的表面包裹着一层硕大的藤壶，看上去也有些时日了，这说明这些瓶子几乎没有移动过。我沿着海滩继续往前走，穿过这片隐藏着很多东西的古怪海滩。我们倒掉的垃圾已经成为海滩景色的一部分，这种情况在河口很常见。

那天临近傍晚，我发现了三只墨水池[①]，它们都因火烧而熔化和变形了。这是我生平第一次观察墨水池，而第一只墨水池完全是我在不经意间发现的。我看到一只船形墨水池陷入淤泥表层，其肩部有两道凹槽，用于放置蘸水笔。从那之后，就算墨水池大部分埋在淤泥里，我也能迅速地辨认出它们的形状。第二只墨水池与第一只相类似，是一次性的“便士墨水池”，池口做工粗糙，而且已经裂开。对玻璃吹制工来说，这种池口很容易制作。池身吹制完成时，他们只需在吹管的末端自然形成一个气泡，等气泡破裂时，再把池身折下来，然后用软木塞和封蜡塞住粗糙的池口边缘。第三只墨水池则是在沙滩较高处发现的。那里有个地方看起来像窑炉的遗址，里面有一条熏黑的脊状凸起，旁边就躺着一只墨水池。窑炉里还有一堆火砖、陶器和玻璃碎片烧结成团的物体。第三只墨水池与其他两只迥然不同，在高温焚烧之下，它变得不透明，但基本保留了原来的八角形形状。

在维多利亚时代和“二战”前的垃圾堆里，墨水池很常见，它

① 以玻璃为主要材料制成的文具，一般有两个带盖的圆形小池，用来盛放不同颜色的墨水。

反映出英国民众识字率的提升。1880年，英国对5~10岁的儿童实行义务教育。1893年，国民义务教育年限提高到11岁；到了20世纪初，义务教育年限已经提高到12岁，换言之，越来越多的人能够读书识字了。

这是消费革命迈出的关键一步。再加上印刷和复制技术的进 105
步，广告宣传现在可以触及更广泛的潜在客户群，向大众销售批量生产的商品也变得更加容易。这使广告印刷量激增，广告在报纸、杂志甚至小说中占据了越来越多空间。不断增长的中产阶级拥有更多的时间和金钱，因此，购物成为一项越来越受欢迎的休闲活动；而随着识字率的提高，越来越多的人开始对品牌有了认知。

产品的名称和宣传语可以印在纸、玻璃、罐头盒和陶瓷等包装物上，可能会在售货的地点对客户产生影响。这就改变了包装的目的。以前，包装是运输、储存和保护商品的主要手段，而现在，它也是销售商品的方式。

在维多利亚垃圾场，最受拾荒者欢迎的物品之一就是用热转印法印刷出来的盖子。过去几十年里，瓶子海滩上这些适宜收藏的宝贝已被拾荒者捡完了，但回到20世纪70年代和80年代，它们仍是瓶子海滩上的常见物品。随着时间的推移，海滩上出现了越来越多维多利亚时代的工业制成品，包括剃须膏、牙膏、唇膏和洁面乳。去头皮屑的润发油、“帝国牌染发剂”（Imperial Hair Dye）和“香味细腻、用纯正俄罗斯熊脂制成的”生发剂散落在海滩上。一些更适宜收藏的盖子和罐子上面印有“屡试不爽的软膏”“神奇的药膏”“包治百病”等广告宣传语。

106 这些狗皮膏药和“包治百病”的药物是最早被广泛宣传的产品之一。人们可以在商店柜台买到上述药物，制造商无须列明药物成分，但这些成分通常都是有害的。例如：“温斯洛太太舒缓糖浆”（Mrs Winslow's Soothing Syrup）有“母亲之友”（The Mother's Friend）的美称，厂家推荐给正在长牙的婴儿使用。然而，它的活性成分是酒精和吗啡（尽管有人戏称这款糖浆是“婴儿杀手”，但毫无疑问，它舒缓疼痛的效果显著，深受父母们喜爱，20世纪30年代以前在英国非常畅销）。不过，在维多利亚时代，最家喻户晓的药物可能是“霍洛威药丸和药膏”（Holloway's Pills and Ointment）。托马斯·霍洛威（Thomas Holloway）的成功源于他的开创性理念，即对产品进行不懈的广告宣传和推广。这一理念极大地促进了产品销量。对于快速增长的广告行业，政府很少或几乎没有加以监管，所以，各家公司可以随心所欲地提出没有事实依据的产品主张。霍洛威的药膏主要由蜂蜡和羊毛脂组成，而它的广告宣传语称，此药包治“腿疾、乳腺病、烧伤、拇指囊肿、蚊虫和沙蝇叮咬、烫伤、冻疮、癌症、象皮肿、瘘管、痛风、腺体肿胀、腰痛、痔疮、风湿、头痛、光头、坏血病、肿瘤、溃疡、雅司病、乳头疼痛”。

这些早期品牌取得了惊人的成功，促使新产品如雨后春笋般涌现。绝大多数新产品都以女性为目标客户，而广告商尤其热衷于利用中产阶级培养出来的一项新爱好：对个人卫生的痴迷。埃德温·查德威克（Edwin Chadwick）和绰号“墓地行者”的乔治·沃克等新闻记者和社会活动家经过调查后认为，疾病的传播主要是由肮脏的贫民窟住房、下水道和墓地造成的，英国由此展开了一场卫生运动。在公众的心目中，个人卫生开始与道德和体面紧紧地联系在一起，这对广告商来说是千载难逢的机会，他们用理想化的家庭主妇、母亲以及面色红润的婴儿形象推销肥皂、消毒剂、上光剂和衣服增白剂等各种卫生用品。

19世纪以前，即便是富人也不经常洗澡。伊丽莎白一世“无 107
论是否需要”，每个月都会洗一次澡，人们认为此举异于常人，英国人不爱卫生的程度由此可见一斑。穷人通常只洗手和脸（一些极度贫穷的人从不换衣服，因为他们只有一套衣服）。然而，到了19世纪90年代，英国人的生活习惯已悄然改变。据估计，当时的英国人每年总共购买26万吨肥皂。以前人们购买肥皂时，都是由商店柜员从肥皂条上切一段下来，用白纸包装好；而现在，顾客可以直接购买包装上印有品牌标识的肥皂和其他物品。

尤其是皮尔肥皂（Pear’s Soap），这款商品得到了持续推广。19世纪80年代，皮尔肥皂制作了一系列的产品宣传画，其中一张宣传画是这样的：一名黑人男孩坐在浴缸里，旁边站着一名白人男孩，手里拿着皮尔肥皂，仿佛在教那名黑人男孩洗澡。接下来，在另一张名为“洗完后”的宣传画中，使用皮尔肥皂洗澡的神奇效果出现了：白人男孩举着一面镜子，让黑人男孩可以看到自己。洗完澡后的黑人男孩身体变白了，只有脑袋是黑色的。用了皮尔肥皂之后，他的皮肤颜色可以像灰尘一样被洗去，露出下面纯净的、白色的身体。对维多利亚时代的人来说，肥皂已经成为极具象征意义的物品。它象征着进步和道德救赎，更象征着帝国所肩负的文明使命。个人卫生绝对是仅次于信仰的事物，它是一种美德，是文明人和野蛮人的根本区别；而在富人看来，穷人和来自殖民地的土著人都是野蛮人。那时候，我的曾外祖父汤姆·托拉迪的职业是送煤工。他在13岁时失去双亲，变成了孤儿，从小就在贫民窟长大。在维多利亚时代，送煤工、街道清洁工和烟囱清扫工都代表着“不洗澡的草根阶层”（烟囱清扫工也出现在皮尔肥皂的另一幅广告宣传画中）。

英国贸易业和制造业的日益繁荣创造了公司职员和经理等白领工作岗位，英国的中产阶级规模持续扩大。与乔治时代一样，随着这种向上流动机会的不断增加，人们更加注重按世俗的标准去做正确的事情和购买正确的商品，尤其是刚刚富裕起来的人群，他们不希望自己在处事方式和购买商品方面犯错；而随着越来越多的人开始追求时尚，拥有物质财富成为一种社会理想。从理论上讲，如果一个男人能够靠自己的一份工资养家糊口，不用妻子出去工作，那就证明这个男人拥有较高的社会地位。因此，女性展示地位的主要方式就是炫耀自己的家居物品。到了20世纪初，中产阶级的客厅里摆满了各种时尚新品，许多物品类似于传家宝，比如油画、钢琴和祖辈留下来的时钟、填充玩具和带加厚软垫的沙发。深色的餐柜里摆放着雕花玻璃制品、装饰品和小饰物，以及经过精心装饰的瓷器——现在，我的脚边就散落着这种瓷器的碎片。

108 我在浅滩上闲逛着，阳光穿过水下的陶器。这时候，我听到身后传来声音。我环顾四周，看到三名妇女和一名小女孩沿着岸边的防波堤走过来。那名女孩不想继续往前走了。

“我能到下面的海滩去吗？”她问道。

小女孩大约5岁左右。她停下脚步，低头看着我。

“不行。”其中一名妇女回答她。

小女孩指着一小片海滩，那里以碎石居多，陶器倒没有多少：“只到那里，行吗？”

妇女们也停下脚步。她们瞥了我一眼，故意压低了声音，以免我听到她们说什么。

“不行，”那女人提高了声调，回头去拉小女孩的手，“你会把身上弄脏。”

这时候，潮水开始上涨了。海水漫过被阳光晒热的淤泥，向海滩缓慢涌来，远处搁浅的游艇已经开始浮了起来。我伸手去捡一块带有常春藤叶子图案的盘子边缘，结果发现海水很温暖，这让我觉得有些惊讶。在我周围，还有一些陶瓷碎片散落在小溪底部，上面印有玫瑰和草莓叶子图案，破碎的盘子边缘覆盖着一层光泽明亮的藻类植物。我继续往前走，一些带状的浒苔离开它们所附着的藻体，穿过梦幻般的水下花园，懒洋洋地漂浮在我的脚踝周围。

一小时后，搜索工作完成，我走向海滩的最高处，逐一查看我 109
找到的东西。海滩顶部的淤泥已被阳光烤干，泥巴表面布满了结晶盐，如同蕾丝一般；许多尖利的陶瓷碎片紧紧地插在泥巴里。我坐下来，把捡来的陶器碎片依次摆放在地上。有的碎片带蓝色花朵和葡萄藤图案，有的碎片是碟子的扇形边缘，还有的碎片印有橡树叶图案，细节刻画到位；一只茶杯的手柄太小，几乎伸不进一只手指；有些碎片上印有“果酱”“国际俱乐部”“兰贝斯”等字样；一块“斯波德”（Spode）牌瓷盘碎片上有一些手绘的水果图案。部分碎片年代久远，釉面已开裂，露出里面已发黄的陶瓷；另一些陶瓷则留下了红色的火刺痕。碎片上的图案大都非常精美，陶瓷行业的技术进步使普罗大众都能接触这些设计精美的产品。与玻璃吹制行业一样，陶器的手工上色也是一项非常耗时的技能，导致产品的价格一度居高不下。然而，随着热转印技术的发展和刻花模板的使用，图案可以被反复地压印在陶瓷表面。产量的提升降低了价格，图案精美的陶瓷不再是富人的专属品。

最后，我摆出了几块带东方景物的青花瓷碎片。这是中国青花瓷的仿制品，但价格比中国青花瓷便宜。欧洲人在18世纪成功仿制了青花瓷，而到了19世纪，这种风格的瓷器变得非常常见。这块碎片上印着一对鸟，这是垂柳图案（Willow Pattern）的中心主题，也是当时最流行的东方风格图案。除了小鸟以外，这些人们熟知的水边景观还包括一些特定元素，比如三到四个人物站在一座桥上、一棵挂满果实的树、一座宝塔和一道弯弯的篱笆。1849年，英国的出版物率先讲述了这种设计背后的故事。据说，它来自中国古代的一个寓言故事，故事情节是这样的：一位官员的女儿违背父亲的意愿，爱上了一名平民男子。官员把女儿的恋人赶走，还打算将女儿嫁入侯府。但这对恋人私奔了，在一个人迹罕至的岛屿上幸福地生活了很多年。后来侯爷发现了他们的行踪，并杀死了他们。然而，上天被这对夫妇坚贞的爱情所打动，把他们变成了一对白鸽。据说，垂柳图案的每一个元素都体现了这个古代东方神话故事的部分情节。然而，事实证明这个传说是杜撰出来的。在垂柳图案首次出现的几十年后，这个故事才开始在坊间流传，它只是英国瓷器制造商的一种手段，结果取得了巨大成功（带垂柳图案的瓷器至今仍在批量生产）。

营销行业的竞争不断加剧，且极具扩张潜力。这个新兴行业突 110
然发现，它可以通过很多方式说服消费者掏钱购买产品。

第5章

肯特郡沼泽地北部

113 第二天晚上，我沿着沼泽地的小路开车回家。为了看清楚一艘驳船的残骸，我放慢了车速。和其他船只一样，这艘船原本被遗弃在泥泞的小溪边上，它也许是在砖厂关闭之后被遗弃的。但是，在这安静的一潭死水当中，盐沼正逐渐蚕食着临海地带，所以，这艘船与泥滩上变黑的船体不同，它似乎是搁浅在陆地上的。日晒雨淋之下，它最后几块裸露的木头变成了银色，逐渐陷入软绵绵的带状草地当中，成为缓慢“前进”的沼泽地的一部分。

当我回头看它最后一眼时，突然发现了一张沙发。那是一张蓝色的沙发，就在路下面的盐沼地上，面向河口。在康沃尔郡，我偶尔会在某个偏远的地方遇到与当地环境格格不入的椅子，它们往往面朝大海。所以，我首先想到就是有人把它放在那里，让别人坐着看海景。我咧嘴笑了笑，把车停在路边。在傍晚的阳光下，路边蟋蟀的叫声此起彼伏。我在路旁睡了一觉，睡醒了反而觉得更加疲惫，于是把剩余的半壶温咖啡倒在杯子里，朝沙发走去。我坐下来，发现远处有一把风格与沙发匹配的椅子，椅子正面朝下。直到这时候，我才意识到它们是被人当作垃圾扔到这里的。

泥地上甚至还有一台生锈的立体声音响。我挪了一下位置，这样它就挡不到我的视线了。不过，这些垃圾并不令我觉得惊讶，因为前一天我在路边停车处就看到了一堆湿地毯和几只花纹已磨光的轮胎。与那些被遗弃在路边的垃圾不同，这些东西是人们专门用车运到这里扔掉的。几百年来，河口的沼泽地都是相对偏僻的地点，显然是个扔垃圾的好地方。

到了20世纪，和以前的博弗里尔船与粗垃圾运输路线类似， 114
伦敦的垃圾沿着泰晤士河向东流入肯特郡和埃塞克斯郡，因为那里既是下游，也位于下风口。对于不断增加的垃圾，虽然建造垃圾填埋场仍是一种成本低廉且容易实现的解决方案，但伦敦的各个行政区继续购买河口沿线的沼泽地用以填埋垃圾。当时，很少有人担心把垃圾场建在河流、英国沿海和低洼河口附近会引起的问题。据说，光是在泰晤士河口，就有50多个废弃的垃圾填埋场面临洪水侵蚀和水土流失的风险，其中一些填埋场已遭破坏。在蒂尔伯里（Tilbury）的水面上，我们可以看到伦敦历史上遗留下来的大量垃圾悬挂在波涛汹涌的河堤上，还有些垃圾散落在岸边。

我带着母亲参观过一处遭侵蚀的垃圾填埋场。因为我喜欢花好几个小时去拾荒，所以往往不敢带任何人同行。但从之前的拾荒经历中，我知道自己捡到的一些物品可能来自20世纪40年代和50年代，而那时恰好是我母亲的童年时代。天气预报称当天是阴天，并强调有寒风。我们站在停车场里，身上多加了好几件衣物，还披上了雨衣，此刻我多么希望这天找到的东西能勾起母亲对“二战”后岁月的回忆。在20世纪40年代和50年代，英国人对于消费和垃圾的态度又发生了一次重大转变，因此，我也希望在海滩上找到这些变化的痕迹。海边垃圾填埋场所埋葬的物品记录了一个时代，受海水侵蚀之后，这些物品得以重见天日。

十多年来，垃圾填埋场里的垃圾不断地被海水冲到海滩上。从通往混凝土防波堤的台阶上，垃圾填埋场首次进入我们的视野。我们在台阶上找地方躲避大风，直到太阳出来，气温慢慢变暖。我看了一眼母亲，她冲我做了个鬼脸。我们身上穿了太多衣服，走起路来晃晃悠悠的，再加上雨衣摩擦衣服的声音，让她觉得十分好笑。

115 一般情况下，恶劣的天气最适合海滩拾荒，所以我经常在下雨天沿着那些台阶走下海滩。几个月前，我和11岁的女儿一起到海滩拾荒。我们两个花了好几个小时在海边闲逛，手都被冻僵了，牛仔裤也因沾了海水而变硬，她的红色头发粘连在风帽外面。不过，当她发现一只盛放有毒物品的玻璃瓶和一块黄铜矿化石时，一切不愉快都抛诸脑后了。

当我和母亲到达垃圾填埋场下方的海滩时，看到了明显刚从悬崖掉下来的玩意儿。黏土被雨水浸透，变得很光滑，覆盖着海滩上的石头。高低起伏的海滩表面留下了最近潮水冲刷过的痕迹，到处散落着破碎的陶器和玻璃。之前我来过这里，从淤泥里捡到了一只装过有毒物品的翠绿色玻璃瓶。把它洗干净后，我发现瓶子是机器制造的，瓶脊上贴了标签，提醒使用者里面的物品有毒。它最吸引人之处是瓶身呈轻微下垂状，大概是在垃圾场里被火烧造成的。

在垃圾填埋场遭到破坏后的几年，当地人在海滩上发现了各种各样海浪从悬崖底下冲刷出来的物品，比如炉灶、玻璃假眼、木偶扑满、生锈的锅炉、石棉瓦和全系列的马麦酱罐子。

在海滩上没搜索多久，我就捡到了一只胶木瓶塞。这东西很常见，我已经在泰晤士河发现很多类似瓶塞。然而，它们身上总是有一些特质能吸引我，比如：材料的质感、磨损的方式、各种老啤酒厂和啤酒的标志等。胶木瓶塞发明于1872年，由经过热处理的橡胶（即“硫化橡胶”）制成。在人们所熟悉的一次性铁皮瓶盖兴起之前，胶木瓶塞被广泛应用于啤酒瓶上。我家里的藏品中，有一只瓶塞的中心被挖空，并刻着“战时用品”字样，这意味着它们的制作工艺经过改良，使用的原材料比平时减少了许多。

另一种特别值得收藏的瓶塞是由圣奥斯特尔啤酒厂（St 116
Austell Brewery）生产的。20世纪30年代以前，圣奥斯特尔啤酒厂推出了一款瓶塞上装印有卐字符的瓶装麦芽啤酒。纳粹党崛起之前，卐字在英国和欧洲常被用来象征好运。它是一种古老的图案，从12000年前的象牙雕像到古希腊人、维京人、中世纪基督徒、佛教徒和印度教徒制作的各种人工制品，都采用了卐字符的形象。在法西斯分子盗用卐字符之前，该符号还出现在可口可乐瓶罐和童子军（Boy Scout）的纪念品上。但随着第二次世界大战的爆发，卐字符已成为法西斯主义的象征，它在西方世界的意义已经永远改变。圣奥斯特尔啤酒厂认为有必要把现有库存胶木瓶塞的卐字符磨掉，此举合情合理。换句话说，它们和那些为了节省材料而刻上“战时用品”字样的瓶塞一样，都是经过处理的。

在第一次世界大战爆发前的几十年里，英国的物品回收利用率一直在急剧下降。从19世纪末开始，原材料价格下降，再加上商品变成机器的批量化生产，人们对废弃物的态度迅速发生变化。新一代的人们不再像老一辈那样保护、回收和再利用废弃物，而是直接把它们扔掉，用新产品取而代之。

然而，随着战争的到来，废旧物资回收也迎来了黄金时代。尤其是在第二次世界大战期间，英国开展了全国性的废旧物资回收运动，制定关于废旧物资回收的新法律，开展爱国宣传运动，推行“修修补补，物尽其用”（Make Do and Mend）的理念，破旧衣服、纸张、玻璃、绳子、金属、骨头和厨余垃圾，政府强制要求回收利用。为了回收废金属，政府不仅拆除了公园和花园的铁栏杆，而且还要求公众把橱柜和阁楼里闲置的锅碗瓢盆拿出来回收利用。政府告知他们，这些金属将被熔化，用来制造坦克和武器；旧水壶和衣架则可以“变成喷火式战斗机”。“一只信封可以做50个弹夹衬垫，”宣传回收运动的传单上写道，“一根碎骨头可以为两个弹夹提供无烟火药”。公用垃圾桶出现在街角，专门收集喂猪用的食物残渣。英国出现了许多“养猪俱乐部”，从被炸弹轰炸过的废墟、学校操场到海德公园警察局（Hyde Park Police）养猪场，人们到处都在养猪，就连伦敦垃圾焚烧场的清洁工也不例外。民众热衷于参与国家的废旧物资回收运动，因此，战时的废旧物资回收率达到了“近乎疯狂”的水平。

117 “二战”结束时，我母亲还是一个蹒跚学步的小女孩，所以，处于成长期的她刚好经历了战后物质缺乏的岁月，后来国家又实行定量配给政策，以偿还英国的战争债务。然而，没有了政府的废旧物资回收运动来抑制民众的自满情绪，英国的废旧物资回收利用率开始急剧下降。经过六年战争，民众回收废旧物资的热情已经衰减。政府又发起了一些旨在重振战时精神的宣传运动，但事实证明，这些运动没有取得预期效果。

不过，对伦敦的清洁工来说，这是再次从垃圾中“寻宝”（tooting）的绝佳机会。据说，垃圾寻宝是一种古老的做法，其历史可以追溯到伦敦刚出现垃圾堆的时候。“二战”结束后，我的外公成了一名清洁工。他的姐夫“迪克叔叔”（Uncle Dick）带他入行，因为迪克叔叔已经当了很多年清洁工，并且正从事最抢手的房屋清理工作。当时，清洁工还在用马车来运垃圾。除了自家所在的沃尔沃斯街道以外，我外公要清洁的地方还涵盖了象堡、整个伯蒙塞地区以及泰晤士河畔的博罗市场（Borough Market）。

对清洁工来说，能够回收利用的垃圾都是“宝”。我花了一些时间想弄清楚这个词的英文到底怎么拼写，尽管托拉迪家的每个人都知道这个词，但我没见到过任何人把它写下来。后来，我发现其他人把它拼成了“tut”，有时也拼写成“tot”。这个单词的起源似乎是人们把“tot”用作“骨头”的俚语。在19世纪，拾骨工被称为“骨头猎人”（tot hunter），而拾荒者则也被称为“捡骨工”。

在两次世界大战之间，清洁工的马车逐渐被机动化垃圾车 118
所取代。到了我外公那个年代，清洁工开始用卡车运输可回收垃圾。在邻近的兰贝斯区，垃圾回收流程更加正式。地方议会把拖车租给清洁工，用于拖曳垃圾车。和原来的垃圾场系统一样，下班后，清洁工在垃圾场后面对可回收垃圾进行分类，整理出能卖钱的垃圾；垃圾承包商来到垃圾场，直接付钱给清洁工。就像旧垃圾场的分拣工一样，许多清洁工都有一技之长，我外公的特长是分拣白镴制品（即当时被人们认为已经过时的盘子和杯子），然后把它们拿到当地的废旧物品回收商店卖掉。

和母亲一起在海滩上寻宝的那天，我的运气相当不错。几次暴风雨带走了海滩上的大部分沙子和碎石，填埋场暴露出来的垃圾多于平时。在断断续续的雨中，我搜寻了大概一个多小时，捡到了叉子、火花塞、椅子的脚轮，还有一个黄铜水龙头、一把鱼刀和一根直发棒。我还在一堆小鹅卵石中发现了几条拉链、几颗纽扣和一枚1955年制的一先令硬币，还有一个小型黄铜螺旋桨和一条铅制玩具马的前腿。

此外，我还捡到了两段金属管，一段是铅管，另一段是铝管。在如今的垃圾场，这些都是很常见的物品，它们可能来自牙膏管，且跨越了好几个发展阶段。随着维多利亚时代的牙粉罐逐渐停产（牙粉通常含有盐、煤烟灰或砖灰等磨研剂），制造商从画家用的铅制颜料管汲取灵感，设计出第一批铅制牙膏管。然而，“二战”时政府限制铅的使用，于是制造商们加快了向铝制牙膏管转变的速度。

119 我开心又全神贯注地翻看着我的“百宝袋”。突然间，我抬头扫了一眼海滩，才意识到我不仅忘了现在是什么时间，还忘了盯紧母亲的踪影。我花了一段时间才找到她。当时海滩上有好几个人，和其他人一样，她的雨衣拉链拉到了下巴位置。她低着头，蹲在海滩的中间地带，完全沉浸在自己所做的事情当中。我对母亲的感激之情油然而生。我吃力地背着一大袋子东西和三块生锈的铁过去找她。走近一看，原来她找到了几颗钉子，并把它们放在一块石头上。我给她看我找到的东西，她认出了自己童年时期的许多家用物件，包括一台手动绞肉机、踏板缝纫机的一个部件、两个锈迹斑斑的早期电熨斗残骸。我要把它们带回家，和以前在海滩发现的物品放在一起。在那些藏品中，我最喜欢的就是一根被海浪冲刷得非常漂亮的轧液辊。

这些物品提醒着我，外婆的生活与我和母亲的生活有多么的不同。相比之下，外婆要干更多家务活，每周的大部分时间都在洗衣做饭，缝缝补补，外出购买食物。为了能买到最便宜的肉，她会走遍东巷市场的所有肉摊和肉铺，并且不浪费任何一点食物。她炖好猪蹄后，把煮熟的骨头晾干，再用勺子把骨髓挖出来。外公则把他每周的工资、小费和卖废品赚的钱全部交给外婆，这是他感到最自豪的事情。

“二战”后的那些年，人们要花很多时间修补家中的物件，贫困家庭尤其如此。鞋子要换很多次鞋底，我外公用工厂废弃的机器皮带来做新鞋底；旧衣服要给家里其他人穿；磨损的衣领要翻过来重新缝合；破烂的衣服要保存好，旧大衣上的每一颗纽扣都要剪下来，用在其他衣服上面（母亲和我还是小孩子的时候，都花了很多时间摆弄外婆的纽扣盒）；床单要重新缝合，把变薄了的中间部分移到边缘，地毯也是如此；买来的商品都是耐用的，如果东西坏了，通常可以找某个当地人修理；玻璃瓶要送回商店存放，儿童玩具也是家里自制的。当我给母亲看那条铅制的马腿时，她想起了外公为他们几个兄弟姐妹做的铅制动物玩具。她还真的想不起来哪些玩具不是外公自己做的。

家里甚至连洗澡水也要反复使用，这种做法在当时很普遍。 120
外婆家把沐浴时间定在周五。每到周五，他们把洗澡用的铁桶搬到厨房的洗涤间，上一个人洗完后，往桶里加点热水，让下一个接着洗。按照大众普遍接受的个人卫生观念，家里人要严格遵守洗澡顺序：外婆第一个洗，大女儿第二个洗，我母亲第三个洗，几个男孩后面洗；因工作性质使然，外公最后一个洗。

外公走街串巷收垃圾时，经常能回收到一些旧衣服，他就穿这些旧衣服干活。如果衣服大了，他会用绳子系在身上。这些衣服闻起来很臭，他不会把它们和其他衣服一起拿去洗，而是直接扔掉。我想，当时清洁工可能都会穿回收的旧衣服工作。从《莱姆镇的著名清洁工》（*Famous Bin Men of Lyme*）中，我找到了这样一条线索：20世纪50年代的一段时期，镇上的清洁工成了媒体争相报道的宠儿，因为他们戴着别人扔掉的圆顶硬礼帽和穿着别人扔掉的双排扣礼服四处收垃圾。

母亲记得，由于外公负责清洁的区域包括她家所在的街道，所以她读小学时，每天都“挂”在外公的垃圾车后面去上学；而每当外公路过自家房子时，就把回收的物品扔在家门口。最近，我到艾迪（Eddy）舅舅家串门时，对这件事有了更深入的了解。艾迪如今仍住在伦敦南部，我们一到他家，姐弟俩就开始回忆当年外公往家门口扔东西的场景。

“一听到大门有响声，妈妈的脸色就会严肃起来，然后冲到门口过道，看看他留下了什么，”艾迪说。外公不会把捡来的东西全部拿去废品回收店出售，而是只卖有价值的物品，或者“任由外公安排”的物品。

121 我母亲回忆说，外公往家里拿过铺路板，还拿过“很多袋解冻过的豌豆。那时候，商店里的冰箱经常出故障”。

姐弟俩都记得客厅里的三件套沙发。“他是在收垃圾的路上捡到的，”艾迪说，“绿色的粗花呢沙发，我们用了很多年，这种沙发可不常见。他还捡了一些旧工具，还有类似可以出售的东西。他从来没告诉我们它是从哪里来的，只是说他‘得到’了它。他总是这么说，那些物品‘散落一地，恰好被他看到了’。有时候，我都不确定他们与垃圾桶的关系有多亲密。爸爸给妈妈的那枚金戒指，肯定不是他买的。”

我之前听说过那枚戒指。几周前，母亲跟我谈起她父母青梅竹马的故事，顺便把金戒指拿给我看。她把戒指翻过来，让那颗小小的钻石反射出光芒。外公外婆在东巷市场附近的街角处长大，外婆住在里夫斯比街（Revesby Street），外公住在贝多姆街。查尔斯·布斯的调查人员曾将贝多姆街描述为“穷人居住的地方，家家户户都敞开着大门，里面居住的全是普通工人”。

外公就在贝多姆街出生，我母亲只知道外婆告诉她的少数几件外公的童年逸事。除了谈到外公的父亲是清道夫，外婆还说，外公的母亲不会读书写字，而且“刚生下孩子，她的丈夫就去世了”。她说，我外公小时候经常挨饿，靠偷面包养活自己和妈妈。我母亲说，每次说到这里，外婆总是会说：“但他不是一个小偷。”

当我母亲长大些，可以跟外公去曾外祖父家时，汤姆已经快80岁了，曾外祖母已经离世。他住在附近布兰登路（Blendon Row）的一座公寓里，那里是臭名远扬的贫民窟，后被拆除。在那里，清理垃圾运送槽的清洁工会在裤腿系上绳子，防止老鼠从裤管里面爬到身上。听到这里，我不禁在想：“二战”后的清洁工是否仍把这些社区称为“死气沉沉的地方”？

母亲清楚地记得她和父亲一起去探望他爷爷的情形。“那天可把我吓坏了。”她说。楼梯间里一片漆黑，这是她害怕的原因之一，“灯泡都被人拿走了，得摸索着爬上楼”。

在公寓里，外公要往下走两层楼，才能取水给曾外祖父刮胡子，因此，我母亲只能和她爷爷待在一起。虽然西尔维和我母亲之间相差12岁（我印象中她们以前没有谈论过这事），但她们都清楚记得当时的情形：她们坐在屋里，脸靠近窗户玻璃，盯着“秋千公园”的操场，背后爷爷刺耳的呼吸声让她们感到害怕（汤姆也患有渐进性肺病，伦敦的雾霾加重了他的病情。他的父亲和祖父也患过这种病，50岁就去世了）。

123 后来我得知，布兰登路的住宅区和那里的老鼠出现在1972年的经典纪录片《我们是一家人》（*We Was All One*）当中。这部纪录片讲述了当时伦敦全面拆迁贫民窟所带来的影响。我看到的版本是20世纪70年代拍摄的无声影片，画面有些模糊。我反复地察看影片中布兰登路的场景。虽然这部纪录片的拍摄时间距离我母亲第一次去那里已经过去了20年，但影片所展示的场景与她的描述非常相似，让我十分震惊。导演之所以选择拍摄这座阴森的公寓楼，是为了说明拆迁之前的贫民窟有多么肮脏污秽。在影片的开头，镜头在雾霾笼罩的公寓外墙和用木板封起来的一楼里徘徊，甚至还拍到了沿阴暗走廊飞速跑过的老鼠。

在拆迁过程中，附近几条沿斜坡建造的街道也被拆除，那里是我外公外婆从小长大的地方。当我们在艾迪家谈论这件事时，他起身走开。过了一会儿，他拿来一只硬塑料套管，从里面小心翼翼地滑出来一卷古老的伦敦地图册。当他翻看着泛黄图纸想寻找到沃尔沃斯时，有几页地图从里面脱落出来。在地图上，标注东巷市场周围狭窄街道的字体实在太小了，我们都看不出上面到底写的什么。我们找来一把硕大无比的放大镜，三个人一起查找，终于发现了两条街道。我外公家的那条街道是一条死胡同，距离我外婆家的街道只有一个岔路口，艾迪和我母亲都记得那条街。

在布斯的《伦敦贫困人口地图》（*Poverty Maps*）上，市场周围的那些街道被简单地贴上了"贫困"的标签。然而，对于住在那里的人来说，每条街道的情况都有所不同。我外婆家所在的街道可能很贫穷，但没有我外公家在的那条街道那么穷。外婆的父亲是一名印刷排版工，因为印刷行业工会很强大，所以他可以靠一份工资养活差不多12个孩子（外婆的母亲来自一个鞋匠家庭，从事计件工作，负责把真皮鞋面缝在工人穿的木屐上）。外婆与外公家只相距一个岔路口，两人青梅竹马，两小无猜，早在他送给她金戒指之前，两人就已经结缘了。我母亲和艾迪都记得，外婆曾说过，她妈妈看到戒指时很生气，要她马上把戒指还给外公。显然，外婆没有听她妈妈的话。三年后，他们两人结婚了。据说从那时起，我外婆就一直将家庭操持有度，受人尊重。

小时候，我一直很喜欢去西尔维家玩，因为她家有书香气息。上次去她家时，她说自己之所以能去文法学校读书，要得益于我外公以清洁工的身份给予了当地一名菜贩"特殊关照"。当时，作为家中长女，父母都指望她尽快毕业，回家里帮忙。然而，在帮助过那名菜贩之后，外公外婆被他邀请到家里吃饭。闲聊过程中，菜贩的妻子骄傲地说，他们的女儿要上文法学校读书。这让我外婆改变了主意。因此，家里允许西尔维参加11岁考试[1]，她考入了位于肥皂厂、胶水厂和制革厂之间的伯蒙塞文法学校。12年后，我母亲也进入同一所学校学习。

从学校毕业后，西尔维在伯蒙塞图书馆（Bermondsey Library）工作。在那里，她遇到了自己未来的丈夫彼得（Peter）。彼得当时是一名年轻的图书管理员，言谈举止得体，从小在一条比较富裕的街道上长大。我母亲还记得西尔维第一次带他回家喝茶时的情形。我外婆很担心家人在彼得面前举止有失礼仪，在两人到家之前，外婆把我母亲和舅舅们拉到一旁，提醒他们说，一旦他们坐下来吃饭，都必须先看彼得怎么做，再依样画葫芦。

125 我喜欢这个故事。母亲记忆中还有另一个类似的故事，而该故事来自外公的家人。我出生后不久，外公在街上遇到了他的弟媳，也就是“迪克叔叔”的妻子，她“脖子上总是披着动物皮毛制成的围脖”。她低头看着躺在婴儿车里的我，大声说：“呀，这小混蛋真是可爱。”

在我写这部分内容的时候，铅制马腿玩具就放在我的书桌旁边。它让我想起母亲的童年。“二战”后的那些年里，她玩的动物玩具都是祖上传下来的。我女儿马上要小学毕业了，一想到过去15年里我们家扔掉的大量玩具，我就忐忑不安，更何况扔掉的很多都是塑料玩具。

起初，塑料被视为一种保护自然世界的手段，人们希望通过使用塑料去缓解给稀缺的自然资源带来的压力。现在看来，这种

① 英国原中学入学考试，始于19世纪末。英国1944年《教育法》规定，所有公立小学学生转入中学前均须参加该考试。

观念太荒谬了。由于担心大象数量的减少影响象牙的供应（欧洲和美国市场对象牙的需求极高），科学家发明了“赛璐珞”，这是世界上第一种塑料。维多利亚时代，中产阶级对这种多功能材料的需求不断上升。赛璐珞可用于制作从梳子、钢琴键到雨伞把手等各种产品，它诞生之初的主要用途是制作台球。1863年，一家台球供应商在报纸上刊登告示，称若有人发明出能够替代象牙的材料，则给予“重金酬谢”。

美国业余发明家詹姆斯·韦斯利·海厄特（James Wesley Hyatt）在他家后面的一间作坊里进行了无数次实验，几年后终于发明出了第一款用植物原料合成的塑料“赛璐珞”。遗憾的是，用它制作出来的台球不太好用，部分原因在于它们碰撞时发出的噼啪声太像枪声。但作为第一款实用的商业塑料，赛璐珞让海厄特发了大财。这种材料最初的吸引力在于它能模仿数量有限且昂贵的天然材料，比如：乳色象牙、有纹理的大理石、斑驳的玳瑁等。正如海厄特公司的宣传册所声称的那样，“我们再也没有必要为了寻找那些日益稀缺的原材料而掠夺地球了”。

1907年，利奥·贝克兰德（Leo Baekeland）在美国发明了酚 126
醛塑料（Bakelite），这是世界上第一款纯人工合成的塑料。人们再次认为它是天然原材料的替代品，而这次替代的对象是虫胶，即一种由亚洲甲虫分泌的树脂，可用作电绝缘体。然而，虫胶的生产过程非常耗时，导致它价格高昂，而且自然界的虫胶也很难满足人类日益增长的需求。贝克兰德发明的酚醛塑料呈棕色，质地坚硬。和现代塑料一样，制作酚醛塑料的原材料来自化石燃料的副产品，同样能实现虫胶的功能。按照贝克兰德的产品宣传说辞，酚醛塑料是“有数千种用途的材料”。随着时间的推移，酚醛塑料制成的产品在英国家庭中随处可见，比如插头和灯具，以及收音机、烟灰缸和电话等耐用产品。

继酚醛塑料之后，又出现了其他更加多功能的塑料制品。在第二次世界大战爆发前的大量发明中，研究新型聚合物的化学家发现，他们可以把化石燃料的副产品转化成任何产品，比如：聚苯乙烯、尼龙、聚氯乙烯（PVC）以及如今无处不在的聚乙烯。制造商很喜欢这些新材料，它们不仅延展性好、持久耐用，而且用途广泛、价格低廉、易于生产。正是在“二战”期间，塑料制品得到了大规模应用。尼龙取代了丝绸，成为降落伞的制作材料；而塑料成为头盔、反坦克火箭筒、雷达和原子弹的重要组成部分。随着战争结束，风靡一时的塑料失宠，塑料制造商只能寻找新的市场。

127 除了原材料创新以外，生产方式的创新速度也加快了，尤其是注塑成型工艺。注塑成型是新的塑料生产方式，即只需一个动作，塑料的原料颗粒就可以熔化和成型。当时《泰晤士报》刊登了一张如今非常著名的照片，可作为塑料生产效率上升的证明。照片中，一对父子站在他们每天所生产的梳子旁，父亲旁边是堆放整齐的350把赛璐珞梳子，儿子周围则堆满了一万把塑料梳子，而这些梳子是由一台机器在一天之内生产出来的。最重要的是，塑料制品的日产量极高，使其生产成本得以大幅下降。

母亲很清楚地记得她第一次看到塑料梳子时的情形。20世纪50年代，那时的她只有十几岁，她的哥哥阿尔比（Alby）在壳牌公司（Shell）从事塑料制品研究工作。她记得，有天晚上，阿尔比带着塑料梳子下班回家，全家都惊叹于那把梳子居然怎么折都折不断。至少在最初，塑料曾也被视为现代和时尚的产品。对制造商来说，未来的商机存在于普通家庭里。由于与强大的石油行业产生了紧密联系，塑料产品制造商的规模将变得更大，而当下它们所需要做的事情就是说服民众购买塑料产品。

对于经历过第二次世界大战的那代人来说，扔东西或购买超过需求的物品是一种不合理的做法（我的外公外婆会修理一切可以修理的东西，地毯也是缝缝又补补，他们可不会轻易被销售人员的说辞所打动）。所以，制造商必须引导民众去消费，而方法之一就是推出更精美的广告。女性再次成为广告的重点宣传对象，各种广告出现在生活类杂志、电影和商业电视节目上。到了20世纪50年代，电视广告开始展示神奇的新型塑料是如何彻底改变人们生活的，比如特百惠（Tupperware）的家居用品和“一擦即净”的富美家（Formica）装饰板。塑料不仅带来了全新的个人卫生标准，还让用户不必再花大量时间从事家务劳动。

塑料还引发了家电行业的持续创新：冰箱和冷冻柜的面世， 128
让人们不必每天去购物；新发明的电器还包括了烤箱、熨斗、洗衣机和食品搅拌机，甚至少数人才买得起的第一批洗碗机。塑料带来了另一场能源革命，人类使用储存在化石燃料中的古代太阳能的方式发生了重大转变。现在，燃煤发电站制造的电能已经进入寻常百姓家，为家庭提供过去数十名奴隶才能产生的能量。

如果说塑料的便利性和省时特性还不够吸引人的话，那就看看它极具诱惑力的时尚风格吧。新款的小型塑料产品表层可以镀铬，还可以喷上炫目的珐琅色，线条如此光滑与自然，颇有太空时代的味道。20世纪40年代那种单调乏味的厨房已成为过去时。20世纪40年代至50年代的10年，人们已经厌倦了“二战”后节衣缩食的日子，随着工资持续上涨，是时候享受美好时光了。

社会生活水平不断提高，新的风气让所有人看到了光明的未来。舒适性和便捷性不再专属于富人，而那些曾被视为奢侈品的产品如今已成为日常必需品。生产成本的迅速下降不仅要归功于自动化的普及和技术进步，还要归功于廉价的石油和新兴的规模经济。商品从工厂流水线上源源不断地制造出来，以前所未有的速度进入消费市场。我们似乎没有辜负早期塑料发明者的乐观主义精神，作为人类创造性的产物，新型合成材料释放出了无限增长潜力。1957年，英国首相哈罗德·麦克米伦（Harold Macmillan）的发言便体现出了这个国家的新风气：

> 坦率地讲，大多数英国人的生活从未如此富裕过。去全国各地的工业城市和农场看看吧，如此繁荣。无论是我们这辈子还是这个国家的历史上，都从未经历过这种状态。

129 在欣欣向荣的全球经济中，英国进入了所谓的“资本主义黄金时代”（Golden Age of Capitalism）。20世纪50年代可被视为一个转折点，有时也被称为“大加速时代”（Great Acceleration）。各种图表显示，大约在我母亲的家人尝试折断他们人生第一把塑料梳子的那个时期，人类活动也在持续地急剧增长。“国际地球圈—生物圈计划”（International Geosphere-Biosphere Programme）最近采集到的数据显示，这种增长体现在方方面面，包括消费、碳排放、世界人口对污染的影响以及塑料和自然资源的使用等。

为了给这些新购买的现代化产品腾出空间，我们也必须接受"用完就扔"的消费理念。随着商品产量的增加，垃圾的收集方式也加速向现代化迈进。过去，金属垃圾箱被放进敞开的垃圾车里；而现在，垃圾车的车顶已被密封起来，以减少令人恶心的气味，防止垃圾溢出车外。20世纪50年代，黑色塑料袋和后装载式垃圾车面世，这些垃圾车还具有压碎和缩容等多种功能。无论在伦敦南部还是莱姆镇，马路边上的垃圾不断地被我外公或戴着圆顶硬礼帽的其他清洁工高效地清理掉。

垃圾处理行业的术语也一直在变化。随着时间的推移，"焚烧"和"分类"变成了"资源回收"，垃圾填埋场可以是"卫生的"，而整个垃圾处理过程被称为"垃圾流"——这让人联想到那些把我们的垃圾带走的河流和水道，它们原来是那么的碧波粼粼。

我们已经在海滩上逗留了好几个小时，由于天冷，母亲的嘴唇冻成了淡紫色，于是我开始收拾东西（我注意到她没拿走钉子）。返回房车的路上，我在外套口袋里掏出几样东西。我一直瞒着她，没给她看那几样东西，包括一把尖齿已经折断的餐叉、一把刀子的锯齿状残片，还有一枚被咬掉一大块的硬币。每样物品似乎都遭到了暴力破坏，这种伤痕不是在地表或海滩上经过几十年自然侵蚀造成的。我以前也在那里发现过类似的碎金属，所以很想知道这种损伤是如何形成的。

"被垃圾车压烂的？"我问母亲，这种可能性我以前没有考 130

虑过。

“有可能，”母亲答道。我们都想象不出来，除了垃圾车以外，还有什么东西可以用如此大的力量把金属撕成两半。

我们在海滩最高处停了下来，回头看了一眼海滩。母亲说，她毕业离开学校后，外公的清洁工作变化很大，这让他非常讨厌现代化装备。

“不过，有一样现代化的装备他很喜欢，”她说，“所有清洁工都分到了制服，包括裤子和背后带皮补丁的防风厚上衣。他很高兴，拿到手就立马把它卖掉了。”

她说，在所有变化中，他最不喜欢新型的垃圾缩容车，因为它们改变了清理垃圾的方式。

她摇了摇头，把断齿的叉子还给了我。

“从那以后，我爸爸就觉得垃圾清理工作没什么意义了。”

接下来几个月里，我把那天发现的物品全部放在一个盒子里。我现在意识到，它们具有一种奇妙的价值。尽管大多数物品都已经破碎或被海水腐蚀，而且几乎没有转手出售的价值，但它们能够激发我们的回忆和无拘无束的对话。它们是通往历史的入口，让我能够了解那些过去的事情。没有它们，我可能永远对往事一无所知。我的母亲如今已75岁，我不可能永远都有机会向她询问过去发生的事情。

我坐在废弃的蓝色沙发上，朝沼泽地那边眺望。在我周围，部分被人丢弃的垃圾隐藏在带状草地里，那里还有更破旧的地毯、塑料薄膜、工作靴。我坐在那里时，才慢慢留意到这些物品，它们甚至没被运到垃圾填埋场。我看的时间越长，看到的东西就越多。在傍晚柔和的光线下，那些垃圾给人一种阴森的感觉。从人们随意丢弃的废旧物品，到沼泽地里堆积如山的废弃物，那里到底有多少垃圾？

一张用红点标记着历史遗留的垃圾填埋场的地图，其东南方 131
的红点密密麻麻犹如皮疹般附着在潮湿的低洼河口。不过，大多数情况下，人们不会知道那里有垃圾填埋场。泰晤士河北部有一片垃圾沼泽地（Mucking Marsh）。它曾经是欧洲最大的垃圾填埋场之一，和其他垃圾场一样，如今已被废弃和封场，政府也对当地景观做了美化处理。近年来，填埋场的地面被租给了埃塞克斯保护野生动物信托基金会（Essex Wildlife Trust），这种租赁方式被称为“饼皮式租赁”[①]。除了高出沼泽地的地面显得很不自然之外，那里几乎没有填埋垃圾的标识。然而，在建造一流的游客中心时，该自然保护区不得不动用多座液压千斤顶，以转移和重新安置埋在地表之下长达50年的伦敦垃圾。

远处，一艘集装箱船似乎从陆地上驶过，给人一种不真实的感觉。我站了起来。差不多到了涨潮的时候。在水鸟的叫声中，水位无声无息地涨起来，但似乎任何物体都没有移动。然而，大片泥浆已经消失，只留下海滩远处岛屿状的沼泽地。立体声音响已经泡在水里了。我有一种奇怪的感觉：洼地的水似乎不是来自大海，而是从沼泽地里涨起来的。

我们所在的河口尤其如此。垃圾填埋场面临的风险将来自不断上升的海平面和气候变化，暴风雨和海浪将持续侵蚀填埋场。

---

① 饼皮式租赁（pie-crust lease），指仅出租土地表层，最大限度地减少租户对土地表层以先行存在的污染负责的风险。——编者注

就像在亡灵岛一样，随着时间的推移，沼泽地将会释放出那些被埋藏的秘密，包括20世纪监管不善的垃圾填埋场及所有未被记录在案的污染物，比如石棉、汞和来自电池与电子产品的铅。毫无疑问，这些垃圾并没有远离我们。

第6章

泰晤士河口的谢佩岛

10月份，我回到谢佩岛，那是我从小长大的地方。谢佩岛 135
位于泰晤士河河口，几个世纪以来，它一直是大英帝国交通干线的入口，无数满载茶叶、糖和瓷器的商船驶往伦敦时途经此处。诺尔沙洲（Nore sandbank）位于谢佩岛附近，由“大诺尔”（Great Nore）和“小诺尔”（Little Nore）两片沙洲组成，是当时英国舰队的主要泊锚地。在英国与欧洲殖民大国展开海战前，那里的浅水区为英国舰队提供了集结点；而战船出发为新贸易航线护航前，诺尔沙洲也是一个中途停留点。它还为越来越多的商船提供了泊锚地，这些商船包括早期的纵帆船、盖伦大帆船以及载货量越来越大的东印度大商船（East Indiamen）。随着货舱容积不断扩大，这些船的设计也逐渐进化。有时候，河口的河床会重现泰晤士河悠久的海上贸易史，比如：伦敦门户港（London Gateway）要建成一个“超级港口”，政府在对航道进行疏浚加深的过程中，挖出了一艘16世纪的“武装商船”。伦敦门户港位于河口沼泽地，是一个深海集装箱码头。也就是说，泰晤士河现在可供最新的巨型集装箱货船通航，我在瓶子海滩附近的沼泽地上就见过这样的巨轮。这些船只紧跟全球贸易规模的发展步伐，其真实尺寸很难掌握。巨大的吊臂卸下船上数千个如重型货车般大小的集装箱，但从远处看，那些集装箱也只不过是色彩鲜艳的乐高玩具拼块而已。

136 托拉迪家族之所以搬到谢佩岛，是因为到了20世纪60年代，我外公靠出售可回收垃圾已经攒下了足够多的钱，能够在谢佩岛置业。和伦敦南部的很多人一样，外公和外婆在海边度假时得知了这座岛。后来，医生告诉他们，外公肺部状况不佳，必须搬离市中心，于是他们就在谢佩岛明斯特村（Minster）的边上买了一间轻型结构的单层小屋。与他们在伦敦的住处相比（他们认识的人在伦敦都没有自己的房子），谢佩岛的房子和土地都很便宜。因此，在我母亲十几岁的时候，每逢周末和假期，他们都会去那间屋子小住。我的父亲是谢佩岛上的居民，母亲18岁时，他们在当地工人俱乐部（Working Men's Club）举办的一次舞会上相识。

20世纪60年代中期，他们结婚了。当时，外公外婆还没有完全搬到岛上，我父母在伦敦南部有间房子，他们就把屋顶的房间转租了出去。我父亲是一名电工，他的工作职责是给公营公寓换电线。不久，外公就把他介绍给了当地的废旧物品回收商店（他可以烧掉旧电线外层橡胶，把铜线卖给这家商店）。然而，伦敦的生活成本实在太高，所以我父亲制订了一个计划：回谢佩岛买一块便宜的地皮，盖一所房子，在那儿“住个几年”。这个计划对我那伦敦“土著”的母亲而言还算合理，于是在1970年1月1日，他们搬到了谢佩岛，当时的我还是只有6个月大的婴儿。结果，他们在那里住了25年。

从瓶子海滩回来几个月后，某个宁静的下午，我开车回到谢佩岛。也许是为了怀念昔日时光，我从途经老金斯费里桥（Kingsferry Bridge）的小路回家。金斯费里桥是一座奇怪的“直立式”桥梁。我住在谢佩岛的时候，这座桥是进出该岛的唯一道路。不过，从2006年开始，它的作用已经被一座四车道立交桥取代。虽然立交桥让谢佩岛感觉不太像一个岛屿，可当你加速向沼泽地前进时，它的确更有利于观赏岛上激动人心的全景。尽管四面八方非常开阔，没有树木遮挡，但北面和东面的地平线上却到处是工厂、屋顶和工商业区，大多数当地人都住在那里。岛的南面，除了野生盐沼地，其他地方多是农田和垦殖沼泽地。

作为土生土长的谢佩岛人，我从未思考过岛外居民对我们的 137
看法。不过，最近我倒是常回想起全家人在春天退潮时到沙洲去收集旧瓶子的往事。有一回，我闲来无事，在谷歌搜索栏里输入了“谢佩岛粗垃圾”几个字，想看看那些瓶子和驳船运出伦敦的粗垃圾之间是否存在关联。首先映入眼帘的搜索结果是网友对一处房车露营地的评价：“如果你喜欢嗑药，品味也不高，那这个地方很适合。”毫无疑问，这个标题吸引了我，我滚动鼠标，继续查看其他搜索结果，并找到了一篇《卫报》（*The Guardian*）的专题文章，标题为《让我们搬到……》（*Let's move to……*）。

> 如果你不喜欢泰晤士河口肮脏潮湿的沼泽地和一望无际的天空，或者讨厌迎面而来的污水厂和造纸厂，那现在就把目光移开。不过，坦率地讲，它并不缺乏岛屿所特有的天生怪异感和孤独感……岛上有监狱和沼泽地，这样的景观并不适合所有人。

除此之外，我的搜索结果中唯一提到谢佩岛的就是彼得·阿克罗伊德（Peter Ackroyd's）在《泰晤士，神圣之河》（*Thames, Sacred River*）中写下的几句话："832年，它'被异教徒占领'。从那以后，它就再也不是原来那座谢佩岛了。"

第二天，我邀请昔日同窗劳丽（Laurie）一起散步。散步的起点位于谢佩岛的另一端，那里是伦敦人来岛上度假时最常选择的露营地。自20世纪50年代，谢佩岛上的农场就经营着房车露营地。如今，你仍然可以在露营地购买到以品脱[1]为单位的鸟蛤和峨螺。莱斯当（Leysdown）海滩是谢佩岛上最吸引游客的地方，虽然它位于偏僻的沼泽地，但那里有一片黄色的沙滩，且距离伦敦南部只有一小时车程。涨潮的时间对这次散步至关重要，所以我要在房车里过夜，以便第二天一早与劳丽碰面。于是，我驾车沿着沼泽地边缘，向崖顶的沃登（Warden）露营地驶去。

138 我以前没有去过那个露营地，但万幸我看到了一个路标，并朝一条到处是裂缝和车辙的小路驶下去。开了一段路后，我发现周围没有露营地的标志，我怀疑自己是否转错了弯。随后，我路过一幢独自矗立在路边的房子，大门紧闭，门上贴着告示。

> 恶狗咬人。
>
> 擅自闯入者一律射杀……

车又行驶了几百码的距离，我按路标指示的方向行驶，路过几辆空房车。此时正值淡季，没有人来露营。随后，我来到了一片

① 容积单位，英制一品脱均为568毫升。——编者注

可以俯瞰大海的荒地。快要坍塌的悬崖边上有一道木围栏，围栏外则有一排已废弃的电气连接装置。

到达悬崖后不久，我便返回沃登露营地，想看清楚村里还剩下些什么。开到主路时，我转弯朝大海方向驶去，路过几幢房子后，小路开始变窄，路的两边长满了灌木丛。再往前走一点，杂草从破裂的柏油路面冒出来，此处就是路的尽头，凹凸不平的路缘吊悬在半空，因为下面的路基已经塌陷。我原以为前面会有栅栏之类的屏障，但实际上什么也没有，只有一望无垠的大海、快要坍塌的悬崖，以及悬崖下方海滩上已倒塌的混凝土建筑物废墟。

这条路曾经通往沃登的教堂。岛上有个传说，提到了一座“坠入大海的”教堂。我们和奶奶住在一起时，经常听到这个传说。

“在宁静的夜晚，”我奶奶一边给我和弟弟盖好被子，一边说，“如果你站在悬崖上，就能听到海底教堂的钟声。”

很久以后，我才知道那座教堂是如何消失的。150年前，它矗 139
立在悬崖的边缘，经受日晒雨淋，不向公众开放。由于教堂已被大风摧毁了一部分，所以逐渐被人们遗弃。最终，当地人拿走了教堂里的长椅和讲坛，把它们当作烧火的木柴。1876年，教堂被完全拆除，剩下的残垣断壁（主要是墓地和地基）被留在原地，慢慢坠落悬崖。多年后，当地有传言称，一位老妇人每天都在收集那些被海水冲到海滩上的骨头。如今，考虑到悬崖受侵蚀的速度，悬崖上的任何残留物都会坠落到下方几百码的海滩上。

最近我才了解到，这并不是沃登第一座因海水侵蚀而消失的教堂，“沿小路大约一英里远”的地方，曾经还有一座老教堂。因此，我奶奶所讲的故事很可能源自早年那座消失的教堂。在英国遭受海水侵蚀的沿海地区，这种传说很常见。

我从断裂的柏油路边缘往回走。我小时候，这里不仅有一些房子，还有一间邮局，而邮局的前身是一家小酒馆，名为“拆楼酒吧”（Smack Aground Inn）。据说，这家酒吧得名于当地一群专门拆除旧建筑的工人。到了19世纪初，这家酒吧成为走私团伙“北肯特帮”（North Kent Gang）聚集的贼窝。当时，走私者被戏称为“夜猫子”（owler），这并不是因为他们在沼泽地里靠模仿猫头鹰的叫声相互联络（我查阅资料时看到的说法），而是因为“owler”这个单词来自“wool”（即羊毛）的变体。羊毛是英国第一种要缴纳出口关税的产品，也是最早的走私货物。谢佩岛的英文含义其实就是“盛产绵羊的岛屿”。谢佩岛的海滩地处偏远，人迹罕至，是早期走私者的不二之选。后来，当他们开始走私茶叶、烈酒和烟草时，依旧把谢佩岛作为走私基地。

童年时代，得知岛上曾有走私者出没，还是因为我奶奶经常带我们去的地方之一就是“爱之巷”（Love Lane）墓地，那里离她住的地方不远。我们探访墓地的重点和目的是寻找一块特殊的墓碑，去看碑文的内容。

140 啊！大地，
不要掩埋我的鲜血。
以此纪念一位无名之辈，
1814年4月22日清晨，
在本教区废品回收站附近，

他被人杀害，
几乎身首异处。

这个故事背后还有一个故事：墓碑是由当地一群走私者出钱制作的。某个夜晚，他们在海滩上卸货时，一个陌生人路过，他们误以为他是政府的缉私人员，将他杀害了。出于内疚，他们立了这块墓碑。

第二天早上，我和劳丽把车停在附近的沃登湾（Warden Bay），那里没有任何房屋。海湾上方，人们修建了一片岩石护面，用来保护悬崖免受海浪侵蚀。悬崖下面的大海风平浪静，不过，天气预报说几天后一场飓风的风尾将到达这里。或者正是这个原因，海面才会如此平静。

我们沿着布满碎石的海滩出发，路上看到海鸥和蛎鹬沿着泥滩边缘排成一排，等待潮水退去。在近海处，一些形状奇怪的物体刚开始冒出水面，在斜阳下露出轮廓，原来是一只轮胎和一块混凝土板，还有一辆自行车的车把和前轮。它们可能是随着悬崖一起掉下来的，而最重的残骸留在了它坠落的地方。当我们向早已消失的沃登角（Warden Point）走去时，那些奇怪、多变的景物似乎便立刻远离了我们。伦敦的陶土暴露在空气中，风吹日晒之下已变成棕色。它们堆积在岸边，形状奇特，有的像山峰，有的像角楼。几堆陶土的顶端摇摇欲坠，快要坍塌下来，只有一片低矮的灌木丛残骸将其固定住，而灌木丛的根卷曲着，暴露在空中。

在这片海滩上，小规模的悬崖坍塌很常见，有时候也会毫无 141
征兆地发生严重塌方，崖顶数英亩的泥土随之滑落。这种情况常出现在冬季或春季较为潮湿的月份，当地面干燥，就会发生塌方。从伦敦运来被丢弃的陶土开始收缩，地面裂缝变大。随后，雨水填满裂缝，与陶土混合，形成类似于釉那样的润滑剂，导致悬崖有内部断裂的危险。有时候，当悬崖临海的一面向海滩滑落时，其表面几乎未受扰动，或许只是稍微向内陆倾斜一点点。1870年，《伦敦新闻画报》（*Illustrated London News*）讲述了谢佩岛的一英亩土地是如何消失的：

> 整块土地从原来的位置滑下来，慢慢地从悬崖向海滩滑落，地面甚至没有任何动静……此前生长在土地上的小麦依旧挺立着，尽管土地的位置有所变化，小麦似乎也没有受到任何伤害。

这个故事还有后续版本：收割玉米时，悬崖滑落了一半；有人醒来时，发现他们的花园或邻居的房子消失了；有一名农民发现，他的半英亩牧场滑落到悬崖下100英尺的地方，牧场里的9只绵羊不仅毫发无伤，还悠然自得地吃着草。

造成悬崖不稳定的原因在于，它在不断地寻求一个更平缓的自然倾斜度，但随着上涨的潮水不断侵蚀悬崖底部，平缓的倾斜度无法实现，悬崖的边缘平均每年后退5英尺。考虑到气候变化导致海平面上升以及风暴和浪涌次数的增加，预计未来的一个世纪里，悬崖的土壤流失速度将会翻倍。

那天，由于悬崖刚经历过滑坡，海滩遍布着湿滑如鹅卵石般的新鲜黏土，几乎不可能继续往前走。随着潮水逐渐退去，前滩的更多区域暴露出来，我们便从沙滩出发，朝前滩走去，因为我们更喜欢湿滑但坚硬的旧黏土层。我通常会绕着黏土层走，它们实在太滑，但至少很结实，与踩下去就吸住靴子脚踝部位的烂泥相比，黏土让人感觉更加安全。我跟在劳丽后面，小心翼翼地拖着脚步往前走。

我们先在一处汇聚了各种金属的地方停了下来。这个地方我 142
以前搜索过。上次来这里时，我发现了一件非同寻常的物件。起初，我发现了一堆铁锈色的黄铁矿中有一个十分显眼的铅灰色物体。我把它捡起来，发现那是一只马头。我高兴极了，因为每个在谢佩岛上长大的孩子都听过罗伯特·德·舒兰德爵士（Sir Robert de Shurland）和他的坐骑“灰海豚”（Grey Dolphin）的故事。

学校组织郊游时，老师带我们到谢佩岛的明斯特修道院（Minster Abbey）参观罗伯特爵士墓。该墓修建于中世纪，墓旁有罗伯特爵士的雕像，旁边是一匹踏浪而来的骏马，他斜靠着马头。作为谢佩男爵（Baron of Sheppey），罗伯特爵士拥有很多特权，包括流血事件惩罚权（因流血事件而对仆人处以罚款的权利）、私生子惩罚权（对私生子父亲处以罚款的权利）和“失事船只归属权”，即“任何在他的领地范围内发现的沉船，无论搁浅的、‘撞沉的’，甚至漂浮在低水位三英里以内的船只残骸”都属于罗伯特爵士。

不过，男爵必须在退潮时用矛尖触碰到失事船只，才能宣布沉船是属于他的。所以，据说为了充分利用这个规则，他训练自己的马学会了游泳。游得最好的那匹马叫“灰海豚”，据说就是他坟墓旁边的马头雕像。

我们听说过这样一个故事：14世纪，罗伯特爵士杀死了一名修道士，教堂准备报复他。男爵听说国王的船停泊在谢佩岛附近的诺尔沙洲上，于是骑上“灰海豚”，游到国王的船边。他把自己的所作所为告诉了国王，得到国王宽恕后，他掉转马头，游回岸边。筋疲力尽的“灰海豚”艰难到达了明斯特的海滩，但当地的一位女巫正在岸边等着他们。“你觉得那匹马救了你一命，”她对男爵说，“但它也会置你于死地。”

143 听到这话，男爵拔出剑，砍下了马头。然而，一年后，他走在那片海滩上，看到了一个物体，他以为是石头，随便踢了一脚，结果把自己的脚趾弄伤了，原来那块“石头”是“灰海豚”的头骨。没过几天，罗伯特爵士的脚趾便开始溃烂，回到舒兰德庄园（Shurland Hall）后，他便一命呜呼了。

我站在海滩上，手里捧着那颗“马头”。实际上，它只是一个19世纪儿童玩具的残骸。我暗自庆幸自己运气太好。在离舒兰德庄园不到一英里的海滩上，我居然发现了一只玩具马头，这样的概率有多大？（12岁的时候，我和一个朋友在那里偏僻的废墟里露营，但我们非常害怕，太阳落山后我们跑回了她家里。）

过了一会儿，我内心仍然充满了发现宝贝的喜悦。这时候，我注意到一个男人绕道朝我走来。他大概20岁左右，背着一只帆布包。他走到我面前，说他正在寻找鲨鱼的牙齿，并给我看了他找到的两颗牙齿。

“你找到了什么好东西？”他问道。

我犹豫了一下，然后在衣服口袋里翻出那只马头，递给他。

他点了点头，说：“好东西。”

我怀疑他想伸手去拿马头，于是赶紧把手缩回来。我担心这玩意儿太珍贵了，他会忍不住拿到就跑。我把它塞回口袋时，他好奇地瞥了我一眼，然后继续去寻宝了。

和劳丽重归故地，我很快发现了几枚现代的硬币和一只铃铛。硬币总面值为11便士，被盐腐蚀得厉害，我起初还以为它们是年代比较久远的硬币。铃铛又小又圆，虽然已经有点儿损坏了，但里面的金属丸还在。我把它洗干净，摇了一下，虽然声音听起来不太悦耳，但还是能勉强发出铃声。后来，我得知那是一只系在动物身上的吊坠铃铛，其历史可追溯到17世纪或18世纪。这种铃铛也被称为“马铃”，因为人们经常把它们系在马的挽具上，于安静的乡间小路可提醒行人注意正靠近的马车。回想起来，在那个地方发现马铃似乎是件令人感伤的事情。那条老路曾通往教堂，而现在，村庄和诸多农田都被大海所淹没。可能它曾与教堂近在咫尺，而现在，我只能聆听从海底传来的教堂钟声。

尽管我觉得我们应该继续前行，但我还是绕道去了我在沃登 144
路尽头看见的那堆混凝土废墟。谢佩岛位于泰晤士河河口，具有重要的战略地位。在两次世界大战中，这些废墟所在地都曾是防御阵地。第一次世界大战期间，那里建造了一座奇特的声音反射装置，这是一个巨大的混凝土“监听器”，可在敌机来袭时发出预警。控制整片海滩的是“二战”时期的两座碉堡，20世纪70年代末开始从悬崖滑落，但在滑落过程中或多或少地保持着原型。现在，碉堡部分被海水淹没，只有退潮时才显露真身。它以一种懒洋洋的姿态躺在前滩，比人还高的绿色杂草覆盖着碉堡。另一座碉堡已经裂成两半，一半躺在海滩上，其余部分还陷在30英尺高的悬崖上的黏土里。我小心翼翼地行走在被海浪侵蚀过的石板上，那里距离碉堡最远。通往碉堡大门的路面向大海，涨潮时被完全淹没，但现在水位很低，可以走到那里去。

当我蹚水走过最后几英尺距离时，带着泥浆的水仍从门口流出来。劳丽在水边踌躇不前，她说，碉堡灌满潮水时会发出奇怪的隆隆声。她走开了，说她不打算进去，因为碉堡诡异的倾斜角度让她头晕目眩。我走进一片漆黑的碉堡中，顿时明白了她这番话的含义。碉堡里面的一切都给人倾斜的感觉，里屋灌满了海水，水位高到混凝土天花板下方的机枪缝；琥珀色的阳光洒在浑浊的水面上，而水似乎在疯狂地往上流。我小心翼翼地爬上倾斜的混凝土表面，把一只手放在布满藤壶的墙上，走进第二间比较敞亮的房间。这个房间的窗孔正对着悬崖和天空。一堆堆光滑的黏土贴着墙，墙的高水位线以上画满了密密麻麻的涂鸦。尽管其中一些涂鸦看起来相对较新，但大多数几乎已完全褪色。我在想：这些涂鸦当中，有多少可以追溯到20世纪60年代？那个时候，两座碉堡仍矗立在悬崖顶上，周围停着很多房车。

145 退出碉堡又走了一英里左右，海滩的路变得好走了一些。海滩上仍有刚从悬崖滚落下来的泥石流，最低处的植物刚被泥石流压垮，根裸露在空气中，叶子已凋谢，呈灰绿色，耷拉在海滩上。小时候，我只知道这些植物叫作“沼泽植物”，大人警告我要远离这种植物生长的地方。他们还告诉我，水塘里的烂泥可能很危险，如果陷进泥里，越挣扎就下沉得越快。曾有两名来自伦敦的男孩陷入淤泥里一天一夜，最终只有一人获救。所以大人们经常提醒小孩，泥潭非常危险，选择上下学路线时要多加小心。

我奶奶的家人一直住在谢佩岛的悬崖附近。奶奶的工作是在当地酒吧里弹钢琴。她十几岁时给一位女士打扫房子，对方教她弹钢琴；回到家后，她就在院子里的木制滚筒轧干机上画黑白琴键，用来练习钢琴。当地雇主每年都会邀请员工参加汽车旅行，到各个酒吧喝酒。由于车上没有钢琴，她只能弹手风琴。有时候，因为司机转弯太急，她回到家时浑身都是瘀伤。在村里的酒吧，她总是演奏伦敦东区的老曲子。我的童年记忆中，每个人都曾站在她的钢琴周围唱歌。

奶奶的家人和朋友通常喜欢听某一首特定的曲子，有时候， 146
他们刚走进酒吧门口，她就开始演奏那首曲子，而我叔叔最喜欢的钢琴曲是《好女孩都喜欢水手》（All the Nice Girls Love a Sailor）。我的爷爷是一名造船工，尤其擅长制造帆船，他的几个儿子或继承了他的衣钵，或成为水手，唯独我父亲没有从事这两样工作。父亲自己也有一艘船，可每当他出海钓鱼时，似乎总会遇到一些糟心的事情：要么刚好海水退潮，船搁浅在河口的淤泥里（他穿着我爷爷捡来的下水道清洁工靴子，靴子很重）；又或者，晚上为了避免被油轮撞到，他要拿着一盏煤气灯站在船上疯狂地挥舞。我母亲至今仍记得爸爸曾自豪地说，他和一位朋友一起建了艘新船。当我爸爸打开房车门给她展示这艘“船”时，她惊讶地发现，这“船”看起来“就像硬纸板做成的锡铁澡盆”。父母结婚时，母亲也有了自己的主题曲，歌名叫《我的老爸是个清洁工》（My Old Man’s a Dustman），这歌名或许并不令人感到意外。歌词还提到了“竟然有这样的裤子”（我从小就想知道这句话什么意思，但现在我觉得它与清洁工把绳子绑在脚踝上阻止老鼠跑进裤管这事儿有关）。

我们到达了一片比较结实的沙滩，终于松了口气，不用再小心翼翼地看脚下的路了，这也让我们有更多机会观察周围的环境。这时候，我才看到悬崖顶上有一堆刚被人扔在那里的垃圾，还有远处一台似乎是从悬崖上掉下来的旧冰箱。但是，来到伊斯特彻奇豁口（Eastchurch Gap）碎石遍布的海滩后，我们才发现更多被海水侵蚀的垃圾。由于崖顶与公路相连，很容易上去，且植物茂密，所以从20世纪70年代开始，那里就吸引了很多喜欢乱倒垃圾的人（乱倒垃圾的做法很可能在那之前的几十年或几个世纪之前就有了）。当时，谢佩岛的土地价格低廉，房地产建设方兴未艾。当地建筑商一厢情愿地认为，往悬崖下面倒垃圾可以为悬崖提供支撑力。在一张拍摄于20世纪90年代的照片中，一名摄影师用相机镜头捕捉到了一条由建筑碎砖石形成的宽阔小路。这条路穿过母鸡溪（Hen's Brook）河谷，一直延伸到海滩。

147 我走向海滩顶部。在那里，只有汹涌的波涛和最高水位的潮水才能触及悬崖，于是，沿岸的高处形成了一片风暴海滩，被晒干的漂浮物、鹅卵石、树木被吹倒后褪色的树根、塑料瓶以及一张破旧的地毯纠缠在一起。这堆垃圾似乎整个夏天都在那里。先映入眼帘的是几件显眼的物品，包括大洋娃娃的一条腿、一只搪瓷夜壶和一片巨大的塑料叶子，我把叶子递给了劳丽。

"塑料干酪藤的叶子，"她摇了摇头，说道，"不可降解材料，为什么有人想要塑料干酪藤这种狗屁东西呢？"

海滩上还有很多东西可以捡，足以装满一间屋子或一辆房车。沿着海滩继续往下走，可以看到一堆像是橙色窗帘布料的东西、一只衣钩和几块来自浴室家具的粉色碎片。

悬崖脚下，就在离我不远的地方，一台体积庞大的录像机残骸从黏土中露出一角。再涨几次大潮的话，这台录像机也会被冲到海滩上，变成碎片。我继续沿着碎石往下走，那有一块被冲刷过的带图案的油毡布，还有一整块浴室瓷砖。我不知道这些东西在悬崖上堆积了多久，只知道油毡布和瓷砖之类的装饰在20世纪60年代和70年代很流行。

那时，我母亲所属的“婴儿潮一代”已经抛弃了“节约是美德”的过时观念，开始接受新兴的物质文化。人们的消费观念和“消费”一词本身的含义也发生了很大变化。“消费”的英文“consumption”源自拉丁语“consummere”。在维多利亚时代，“消费”有“用光”或“消耗物质”的含义，因此，它被用来描述导致艾伦·托拉迪和简·托拉迪死亡的“萎缩性疾病”。然而，从20世纪50年代开始，“消费”摆脱了这方面的含义，并被人们视为一个具有更积极含义的单词。

不过，制造商们也有自己的担忧。在某个时期，人们会买下他 148
们需要的所有物品，比如：洗衣机、电烤箱、电视机、新的浴室套装；还有，如果不对消费者加以引导的话，他们很可能等到原来的产品用坏以后再购买新产品。然而，随着近年来工业的进步，制造商有能力生产出更多产品。

制造商的解决方案就是“计划报废”策略，“太阳神企业联盟”（Phoebus cartel）就是早年最著名的例子，该联盟制订了一个与灯泡行业发展相关的计划（我曾在海滩上发现了灯泡制造商生产的大量金属螺钉和卡口灯座）。从20世纪20年代开始，包括菲利普（Philips）、通用电气（General Electic）和欧司朗（Osram）在内的全球主要灯泡制造商互相串通，降低灯泡寿命，加快它们烧坏的速度，但相关证据在几十年后才被公之于世。1924年，灯泡寿命的行业标准是2500小时；而到了20世纪40年代，灯泡寿命已经下降到1000小时。值得注意的是，有一只1901年制造的早期灯泡被称为“百岁灯泡”（Centennial Light），它被安装在美国加州的一间消防局里。2015年，人们为这只灯泡举行了“100万小时庆祝派对”。如今，它仍在消防局“发光发热”。

20世纪60年代，有计划报废产品的做法已经以各种形式深入人心，有些形式比其他形式更不易觉察。和“太阳神企业联盟”一样，制造商不断加快“人为耐久性”的实验，制造部分低质量的材料，加快它们的损坏速度。实际上，产品是可以按预定使用寿命生产的，这个过程有时被称为“人为定义报废时间”。

另外一种同样行之有效的方法是让消费者“去感知”产品过时了。换言之，制造商对产品风格进行更频繁的更新换代，给消费者留下“早期版本太过老土和过时”的印象，从而促使消费者加快更换产品的速度。时尚界一直采用这种方法推动产品换季，而如今，同样的方法也被用到其他行业当中。

149 一般认为，率先利用“感知过时”原理的是汽车制造商。据说，在20世纪20年代的美国汽车市场，通用汽车公司（General Motors）想方设法与福特公司进行竞争，尤其是福特的T形车（Model T）。T形车俗称“大铁罐”（Tin Lizzie），这款车体现了福特公司在质量、可靠性和耐用性方面的传统工程价值观。起初，通用汽车公司把竞争的焦点放在技术和工程质量上，但并没有产生足够影响力。因此，福特公司得以继续保持自身优势，而它的优势在很大程度上是通过规模化生产和产品策略获得的，比如：福特公司宣称可以向客户交付任何颜色的T形车，“只要它是黑色的”[①]。

然而，在通用汽车公司聘请了两位拥有时尚行业经验的高管后，局面开始发生变化。他们提出，可以借助产品的风格和设计与福特公司进行竞争，这种方式成本更低、效率更高。通过频繁更改汽车的外观，产品会更快地过时，从而促使客户更快地卖掉旧车型。公司采纳了他们的意见，并取得了巨大成功。通用汽车公司继续整合来自女性时尚、广告和零售等其他行业的营销理念，经过一段时间，它超越福特公司，成为全球汽车行业的执牛耳者，包括福特公司在内的竞争对手只能望其项背。1955年，通用汽车公司的一位高管毫不隐讳地表达了公司的意图：“我们最重要的任务就是加速产品淘汰。1934年，汽车的平均使用寿命为五年；现在是两年。如果能够缩短到一年，那我们就大功告成了。”

我已经捡到了几只火花塞，最后那只火花塞拥有与众不同的粉紫色，吸引了我的注意力。几十年来，我和劳丽来到的这片海滩曾发现过很多这样的火花塞。我想，很多火花塞的生产日期甚至可以追溯到我的童年时期。那时候，总有一些车在驶下悬崖的路上发生事故，而车主懒得把发动机坏掉的车卖给废品收购站，他们就把车开到悬崖边上，放下手刹，把车推下悬崖。起初，这些被推下悬崖的汽车没有坠落得很远，有时候，从崖顶上看，它们依然在视野内。然而，从海滩上看，犬牙交错的废旧汽车让我大为

① 意即福特只有黑色款的 T 形车。

震撼。汽车明亮的油漆逐渐与悬崖融为一体，而较底层的汽车陷入烂泥，已经生锈和变形。

150 用历史学家丹尼尔·布尔斯汀（Daniel Boorstin）的话说，到了20世纪70年代，汽车制造商通过市场营销手段和不断淘汰旧款式，使汽车成为“能够体现个人成就的象征，这种象征不仅有形，而且浅显易懂”。20世纪初，英国的道路上有8000辆汽车；而到1970年，这一数字已达到1500万。从小时候起，我们就知道拥有一辆福特科蒂纳（Cortina）轿车、一辆三升排量的卡普里（Capri）轿车或一辆宝马（BMW）新车意味着什么，仿佛这种感知力是我们与生俱来的本能。我不知道刚捡到的火花塞来自哪款汽车型号，但与躺在烂泥中的车轮和悬架弹簧一样，它们都代表着汽车的使用寿命已经结束。如今，为了给更花哨、更吸引人的替代品腾出空间，我们必须扔掉那些体积庞大、结构复杂的产品，比如汽车。

短短几十年，不同形式的“计划报废”引发了一场革命。通过缩短产品使用寿命，制造商不用再担心生产过剩的问题。事实证明，消费者可以被产品的宣传文案所说服，更频繁地购买更多产品，而这是人们此前无法想象的。1960年，万斯·帕卡德（Vance Packard）在他所著的《垃圾制造者》（*Waste Maker*）中指出：“结束供过于求局面的办法就是培养需求过度旺盛的消费者。”除了反主流文化之外，这几十年来空前的经济发展让所有人获得了自由和富裕的生活。早期人们看待挥霍浪费行为的态度正迅速变成过去时。与“买茶叶就是支持大英帝国”的理念一样，对于“二战”后出生的这一代人来说，他们终于找到了新的正当理由去释放自己的购买力，不仅为经济繁荣和稳定尽个人的一份力量，还能追求更舒适的生活。这不仅对个人有利，对国家也有利。

走到一半，我们才看到海滩上的树木。奇怪的是，有些树仍然以自然的角度屹立着。从远处看，那些树木似乎一直延伸到海滩的较低处。不过，走近一看，我们很快就发现它们其实已经枯死了；在淤泥反射的阳光之下，残存的树枝已经发黑，仿佛被烧焦了。这些树随着泥土从悬崖塌陷下来，仍保留着直立的姿态，即使被定期上涨的潮水淹没，它们仍屹立不倒，看上去令人难以置信。

很多树上挂着海藻和破布。碎布料在较高的树枝上飘动着， 151
还有一些树枝低垂着，显得很重，上面挂着钓绳、旧床单和衣服的残骸。有一捆物体夹在两段树枝之间，像一只展翅高飞的鸟儿。经过一番研究，我认出了里面的一些东西，它们与我在康沃尔郡的当地海滩上发现的与海扇缠绕在一起的东西非常相似，里面有一条松垂的男士短裤腰带、一只湿袜，以及一件带棱纹的儿童针织套衫袖子。

我们靠近了最后一棵被困在海滩上的树，而据我所知，罗亚尔奥克角（Royal Oak Point）就在我们头顶上方（和沃登角一样，罗亚尔奥克角早已不复存在）。它的名字来源于曾经坐落在崖顶上的酒吧。20世纪50年代初，我奶奶在罗亚尔奥克酒吧弹钢琴。起初，罗亚尔奥克酒吧只是一间偏僻的农舍，到了19世纪中期，它成为岛上走私分子选择聚集的酒吧之一，并因此名声大噪。这片海滩原名“巴格斯比洞”（Bugsby’s Hole）海滩，据说走私分子把货物带上岸后藏在洞里（这里的“洞”是指船可以卸货的地方，换言之，“洞”在泰晤士河两岸曾经很常见）。19世纪60年代，罗亚尔奥克角有大片通向悬崖的“休闲花园”，但到了20世纪50年代末，它们都消失了，罗亚尔奥克酒吧离悬崖边缘太近，人们觉得不够安全。于是，店主关闭了酒吧。过了一阵子，酒吧外面挂出一份用粉笔写的告示，向那些走到奥克巷（Oak Lane）尽头的人说明情况。“十分抱歉，”告示写道，“酒吧已歇业。”

152 20年后，当时我们还是小孩子，每次去那个地方，我们都知道它是一间“不提供啤酒的酒吧”（Pub With No Beer）。那时候，它只是离悬崖边缘不远的一处废墟，坏掉的钢琴还在酒吧里，而男厕所已经有一半掉下海滩了。在酒吧完全坠落悬崖之前，它的旧建筑被全部焚毁。我哥哥曾去悬崖看过，最近，我问他是否记得自己看到些什么。他说，酒吧落在它那没有大门的旧厕所上，面朝大海。

劳丽坐在前面的碎石堆上抽烟，我溜达过去，看看她找到了什么。她先给我看了一只胶木开关，表面印着“开”“关”字样，非常好看，我很羡慕她。毫无疑问，它比一只夜壶或与实物同等大小的塑料干酪藤叶子更加值得收藏。

我常去的地方路不好走，再加上我们都觉得有点累了，因为当下无须担心潮汐，所以我们在半截已埋入泥土的建筑废墟周围坐了一会儿。最好的东西就在附近：那是一块被海浪打磨得非常漂亮的花岗岩路缘石。以前我曾想带一块这样的石头回家，当然，我最终没有这样做（毫无疑问，如果这个海滩的交通稍微方便一点的话，这些路缘石可能很久以前就被人全部捡走了）。和以往一样，我漫不经心地想道：路缘石是否是乔治·拉穆兹（George Ramuz）在20世纪初制订的土地销售计划的一部分？当时，拉穆兹在谢佩岛的悬崖上买下了1000英亩土地。然后，他用路缘石画出道路的界线，从而把土地分成若干地块，再将这些地块出售，供人们修建自己的房屋。由于岛上的土地很便宜，所以，当地人打牌输钱后，就用自家的宅基地抵债，不少地块就这样转手了。

1903年，《每日快报》（*Daily Express*）刊登了一篇文章，把拉穆兹的土地描述为“长满青草的半圆形悬崖，日耳曼海（German Ocean）的微风从悬崖上轻轻拂过”。此后，大约1000名伦敦人购买了另外3000块宅基地。然而，20世纪50年代，所有土地买卖契约在一场大火中被全部烧毁。其后几十年，人们往往不知道某块土地是否被卖掉了。对于不住在岛上的土地所有者来说，这个问题尤为严重。我们家住在悬崖上的时候，我就听说过这件事，因为我父母特别关心土地所属权的问题。

在我九岁时，我们全家搬到了悬崖上，并在房车里住了一年， 153
当时我父亲正带着其他人一起盖房子。那时候，花园后面的悬崖依旧荒凉，没有任何安全防护措施。我至今还记得，当时我坐在长满青草且下陷的岩架上，遥望着大海，希望自己永远都是10岁的小孩。我们搬到崖顶后不久，当地就开始修建海防工程。不知为何，从那时起，我总想起自己坐在悬崖边看海的情形。虽然岛上的道路仍未修通，但在拉穆兹出售的地块上，越来越多房屋拔地而起，悬崖面临着被海水侵蚀的风险，崖顶房屋有贬值的可能。谢佩岛悬崖的高度低于伊斯特彻奇和沃登的悬崖，使得海防工程成本较低。结果，我们搬到悬崖还不足一年，他们就把我们房子后面的悬崖土地的水排干，将土地推平，形成一个更“宜居的”斜坡。在悬崖下方的海滩上，还建了混凝土滨海散步道和海堤，用进口的石头铺设海滩。因此，我们刚搬到那里，我最喜欢的那片奇特的、荒凉的风景就完全消失了。10岁的我根本不关心房子值多少钱，只觉得看不到悬崖上的风景是件令人痛心的事情，其痛苦程度不亚于联想到自己早晚要长大。

几年后的一天早晨，我母亲从厨房窗户向外看去，看到一群人用栅栏把我们花园后面的悬崖土地围起来。她出去问他们在干什么，对方递给她一张纸。母亲发现这张纸是一份原始地契，来自某个人的姑奶奶。她在伦敦去世后，那人从遗物中找到了这张地契。该地契由乔治·拉穆兹签发，确认其持有人购买了悬崖顶部一块土地。但没过多久，栅栏就被推倒了，那位姑奶奶在20世纪初购买的土地已经掉进了海里。

154 还有一些碎石瓦砾我无法带回家，比如被海浪冲刷过的砖墙块，这让我觉得很遗憾。我一直很喜欢这些东西。有些砖墙块被杂草覆盖，有些则被潮水和石头冲刷得非常光滑。一些砖墙块上的砂浆磨损得非常快；一些砖墙块的表面有浅浅的凹坑，潮水退去时，恰好把一些鹅卵石嵌在了凹坑里。有一次，我拖着一块裹着砂浆的石头回家，因为它的表面布满了被海水冲刷过的彩色玻璃和热带贝壳碎片。虽然我不知道那块裹着砂浆的石头到底是用来干什么的，但是，在河口的淤泥中居然能找到可以用作装饰品的热带贝壳，这着实是件令人倍感突兀的事情，而我恰恰喜欢这种突兀感。据推测，随着20世纪80年代谢佩岛的房地产建设迎来繁荣期，这些贝壳也跟随着一吨吨建筑垃圾被冲下悬崖。

当时，当地建筑商已经买下了拉穆兹手里的很多地块，房价稳步上涨，越来越多人渴望拥有自己的房子。此举很受当时英国政治家的欢迎，尤其是保守派政治家（Conservatives），因为他们认为拥有住房的选民更有可能投票给保守党。人们改善居住条件的热情日益高涨，房子也成为新消费热潮的中心，悬崖下方海滩上卷曲的油毡布和浴室水槽的碎片便充分证明了这10年里人们是如何新建和扩建住宅，以及实现居住环境更新换代的。

20世纪80年代，银行放宽信贷管制，人们更容易从银行获得贷款，此举给经济繁荣注入新的动力。就像此前民众的消费观念发生转变一样，背负债务在他们看来也不是那么消极的事情了。有了信用卡，我们可以更肆无忌惮地花钱。关于生活方式的广告越来越多，在这些广告的刺激下，我们发现，消费不仅可以体现我们的地位，还可以体现我们的身份。最重要的是，广告业吸引了大量富有创意和智慧的新人才，而他们都在想方设法说服我们消费者购买产品。

十年来，随着时间的流逝，电视屏幕上的画面变得更丰富多彩、更光艳浮华，向我们介绍令人向往的生活方式、毫无负罪感的放纵享受、引人注目的铺张浪费行为以及众多奢侈品牌。后来，当设计师品牌向下渗透到这个小岛时，我们也逐渐接受了古驰（Gucci）的包包、劳力士（Rolex）手表、艾力士（Ellesse）运动鞋和普林格（Pringle）针织套衫（我弟弟十几岁的时候，人们就开始追求名牌了，所以，我母亲会把二手品牌针织套衫上的标志剪下来，缝在她从市场上给弟弟买的外套上面）。到了20世纪80年代末，80年代初被视为奢侈品的东西很快就变成了日常必需品。

155 至少在英国东南部，20世纪80年代留给人们的刻板印象就是享受丰厚市政津贴的“雅皮士”[1]，他们象征着人们对过度消费态度的转变。离开康沃尔郡之前，我注意到津贴一词与我外公用于描述从垃圾回收物品中所获利润的术语之间存在某种联系，他把这部分收入称为“bunce”。起初，我在几本现代英语俚语词典中查找“bunce”这个词，所有词典都说这是伦敦东区的同韵俚语，即“本生灯”（Bunsen burner）的缩写，意为“挣钱的人”或“盈利之物”。我觉得外公未必懂得使用一个从“本生灯”衍生而来的单词，于是查阅了一下资料，发现罗伯特·本生（Robert Bunsen）在1855年发明了本生灯。然而，早在1851年，亨利·梅休就宣称伦敦果蔬贩子经常使用“bunts”一词。1859年的一本英语俚语词典将“bunts”描述为“果蔬贩子的额外收入，即通过短斤少两等手段赚来的钱……也可能是收受了额外的好处”。所以，似乎伦敦东区的某个地方创造性地倒推出了本生灯的同韵俚语。

20世纪80年代，人们又重新用起“bunce”这个词来形容市政津贴。伦敦的金融行业呈现出无节制的趋势，以往，人们忌讳谈论金钱和财富，而在20世纪80年代的金融大环境下，这种禁忌迅速消失，结果出现了大量与金钱相关的俚语表达方式，几十年前和几百年前的许多俚语也重新流行起来。除了“bunce”以外，古俚语“spondoolicks”（贝币）再度流行，还有“dosh”（钱）、“lolly”（钱）、“wonga”（煤炭，钱）、“loot”（非法收入）、“a wodge”（一沓钱）等俚语，每个俚语都有自己丰富多彩的历史（例如，“wonga”起源于吉普赛语，原意为“煤炭”）。

① 指城市中收入高、生活奢侈的年轻专业人士。——译者注

我父亲在酒馆里用现金付账时，就会使用上述部分俚语。20 156
世纪70年代中期，他被供电局（Electricity Board）解雇了，只能自己去找工作，为超市维护电力。我母亲不是谢佩岛土生土长的人，在她看来，谢佩岛现在已经有一半居民都是自由职业者。对我父亲和当地的一些建筑商来说，自由职业的确不错。20世纪80年代中期，他给玛格丽特·撒切尔（Margaret Thatcher）投选票的时候，我们家里已经有了一座按摩浴缸和一台砖头大小的汽车无线电话。他还拥有两辆车，一辆是自动倾卸卡车，另一辆则是保时捷跑车。家里购置了贝塔麦克斯牌（Betamax）录像机、好几台电视机、一套精致的堆叠式立体声音响、一台大型手提式收录机、一台随身听、一台微波炉、几台带自动定时开关功能的收音机、一台电话答录机、几台雅达利（Atari）电子游戏机，甚至还在厨房水槽下安装了一台“垃圾粉碎机”（这是一种垃圾处理装置，能够像垃圾车那样把掉进去的茶匙粉碎掉）。所有东西都是我们在电视广告上看到的家庭必备产品，当时我们感觉它们新颖时尚，从未想过它们将来会成为过时产品。

潮水悄悄地向海滩逼近，我们准备搜索最后一片区域。悬崖平滑的斜坡展现在眼前，那儿是我长大的地方。我迂回来到两处“潮水潭”旁边，其中一处的中心是一只填满淤泥的拖拉机轮胎；另一处很浅，但一件半埋在泥地里的雨衣“栖息”于此，雨衣的拉链拉得很紧。肩上的背包突然让我感到非常疲倦，里面的垃圾实在太多了。和现在一样，当这些垃圾被人们随意扔掉时，它们只是我们生命中微不足道的匆匆过客而已。

20世纪80年代，人类每年使用的资源首次超过了地球该年度的可再生资源，而当时的人们还为之欢欣不已。正如早期塑料发明者所说的那样，我们似乎真的摆脱了大自然的限制。1988年，地球经历了有史以来最热的一年（这个纪录如今甚至都没进入历史前20名，过去五年才是历史上最热的年份），越来越多民众听到这样一种说法：消费的急速增加是有成本和极限的，我们要花很长一段时间才能看到过度消费带来的影响。

157 到了20世纪80年代末，科学家形成一种共识：地球气候的长期变暖很可能是我们燃烧化石燃料造成的。他们说，解决这个问题的办法就是减少碳排放，转而使用可再生能源，并强调说，我们需要迅速采取行动。对于地球气候的担忧从科学界和环保界延伸到主流媒体和公众意识当中。

化石燃料行业最早发现了气候变暖带来的全面影响，尤其是对该行业未来收益的潜在影响。举个例子：作为全球最大的石油公司之一，埃克森（Exxon）公司在1981年就意识到了气候变化问题，在公司内部组建了一支由气候科学家和气候模型学家组成的团队，一直被称为“温室效应”研究领域的前沿。不过，到了20世纪80年代末，由于担心政府可能会对温室气体排放进行监管，埃克森公司警惕起来，削减了温室效应研究资金并花钱造势，对这门科学加以质疑。它还制订了诸多策略，其中一项策略就是协助创立全球气候联盟（Global Climate Coalition），这是一个国际商业游说团体，旨在反对任何减少碳排放的行动。后来，埃克森公司还用股东的资金去支持气候问题反对者的工作，比如威利·孙（Willie Soon），他的研究工作几乎全部由能源产业提供资金，支持金额达1200万美元之多。能源行业人士很清楚，只要能混淆公众视听，就更容易对抗政府的任何监管措施（人们常说，化石燃料工业的这种做法与烟草工业如出一辙。科学家已经发现香烟致癌的证据几十年，烟草工业却成功地削弱了这些证据所产生的影响）。

这种方法迅速传播，除了化石燃料行业，其他行业也越来越 158
担心任何对限制碳排放的措施都会影响到本行业的收益。20世纪80年代末，这个话题已经变得极度政治化，尤其是在美国，保守派和自由市场智囊团大力推动“全球变暖阴谋”这一理念。在资本不受管制的新时代，环境与经济站在了对立面。右翼人士以各种方式宣称：科学家要么在撒谎，要么在误导民众，因为气候变化是自然循环的一部分，人类活动并非造成气候变化的因素之一，真正的威胁是自由主义者和共产主义者凭空想象出来的政治骗局。尽管这种说法遭到了狂热环保主义者的强烈反对，但化石燃料工业仍然得到了它想要的结果。到了20世纪90年代，气候变化问题陷入了巨大的不确定性当中。

那天晚上回到露营地后，我的车仍是营地里的唯一一辆房车。天慢慢黑了下来，我坐在一张折叠椅上，手里拿着一杯啤酒，看到远处有一排排静止不动的房车发出的橘色微光。我刚冲洗完杯子，把杯里的沉淀物甩出去，形成一道完美的弧形。这时，一名保安从两辆房车中间出现，朝我的方向走过来，和我聊了聊这个营地，并指出这里曾有一条通往海滩的小路。他告诉我，四年前，悬崖的边缘离我现在站的地方有50英尺远。

“可它突然就掉下去了，”保安望着那排老旧的防护网说，“但你不必担心。”他听到远处的狗叫得越来越凶，顿了顿，继续说道："你今晚会没事的。"

159 入夜，我躺在漆黑的房车里，拿起手机，想在入睡前听听收音机，却无意中点到了"谷歌地球"（Google Earth）软件。我先是沿着岛上的悬崖滚动地图，然后沿着河口的边缘找到了我夏天去过的沼泽地。自从去过瓶子海滩，我便经常查看谷歌地图，这几乎成了一种条件反射。遭受侵蚀的谢佩岛悬崖与正被海水淹没的盐沼地当然有很多不同点，但两者也存在相似之处。我的性格形成时期是在河口度过的，从那时起，处于半野生状态的河口边缘一直吸引着我。那里的土地不够坚固，无法建设成郊区；水既不完全是河水，也不完全是海水。当然，随着海水水位不断上涨，河口是最先被大海吞噬的地方之一。

两次河口之行相隔了几个月，其间，我研究了谢佩岛和瓶子海滩之间河口的海图，描绘出一幅类似于拼图的风景画，但这幅风景画缺少大部分拼图块。

海图上，大部分地方都是绿色的，这表明它现在既不属于陆地，也不属于海洋。出了亡灵岛之后，好几处沼泽地的名称有一种暗黑风格诗歌的味道，比如：低洼泥沼地（Flats and Oozes）、屠宰场沼泽地（Slaughterhouse Point）、阴影沼泽地（The Shade）、杀戮岭沼泽地（Slayhills）、希望沼泽地（Hopes）和黑泥溪沼泽地（Blackslump Creek）等。

查完了海图，我又继续查找谷歌地球的卫星照片和航拍照片，希望通过这些照片和图表能够追溯近几个世纪海洋侵蚀的历史。满潮和风暴大潮期间，沼泽消失不见，水逆流回小溪，漫上土地，冲过河岸，带走泥浆。在航拍照片中，这个过程清晰可见：土黄色的条纹从河口弯曲盘旋而出，穿过岛屿之间的瓶颈区域，涌入宽阔的主河道。

数百年来，贝德拉姆洼地以外的牧草地就是以这种方式被逐渐侵蚀的，曾几何时，这片牧草地绵延三英里，一直延伸到泰晤士河的主河道。起初，随着小溪持续变宽，广阔的沼泽地开始分离，最终变成了河口的孤岛，由零星的小路联结在一起。这些小路其实是连接泥滩的脊状突起，虽然高出泥滩，但非常狭窄。作为目前仅存的通往沼泽草地的陆地桥梁，几十年来，它们被伦敦市运来的粗垃圾不断加固，但最终，北海汹涌的海浪将其攻破。

如今，三座岛屿中的最外面一座叫“伯恩特威克岛”（Burntwick），160
它在18世纪最先与大陆分离。过了半个世纪，偶尔有人在此居住。有一段时期，那里曾经是北肯特郡走私团伙聚集的窝点，他们经常到沃登的“拆楼酒吧”喝酒。后来，一位牧羊人和他的妻子在岛上居住。再后来，人们把它用作伦敦的垃圾场。第二次世界大战期间，英军在岛上驻扎兵营并设立鱼雷学校。最终，这座低洼岛屿被彻底遗弃。那个时期的遗迹正逐渐被海水侵蚀，但每当涨潮时，皮划艇爱好者有时会拍摄自己划着皮划艇穿过被海水淹没的伯恩特威克岛的短片；短片中，他们从水上进入已废弃营房的窗户。

三座岛屿中，位于中间的那座叫作“斯莱希尔斯岛”（Slayhills）。在人们的记忆里，最后一条小路就延伸到这座岛。那是一条狭窄的小道，被称为“海路”（Sea Road）。1953年，英国遭遇了一场旷世大洪水，英国北海沿岸地区被摧毁，这条小道也被永久破坏，但斯莱希尔斯岛并没有立即被人们遗弃。多年来，这座岛仍被用来牧羊；而在烂泥滩的某处停着一艘低矮驳船的残骸，那是过去把羊带上岛的船只。

我第一次在谷歌地球上查看到这些岛屿时，它们似与大陆沼泽截然不同。过了一段时间，我才弄明白个中原因，而在发现的那一刻，我无比愉悦。涨潮时，飞机从岛屿上方飞过，而在拼接出来的照片中，岛屿大部分位于水面以下。处于半淹没状态的岛屿非常漂亮，被淹没的盐沼地既没有呈现出陆地的颜色，也没有呈现出海洋的颜色，显得色彩斑斓，这完全出乎我的意料。它不再是海图上的绿色，而是糅合了紫罗兰色和深蓝黑色，某些地方还有靛蓝色，我觉得那里是海水最深的地方。从空中俯瞰，小溪和雨水冲刷而成的沟渠呈现出复杂、蜿蜒的图案，并细分为越来越复杂的网络，逐渐流出陆地，就像与身体每一部分相连的毛细血管。在它们的边缘，三座岛屿遭到侵蚀，与河口的颜色逐渐融为一体。（最近我又查看了这些图片，发现谷歌已经更新了照片。这一次，飞机选择退潮时航拍，结果只能看到棕色的泥滩。）

161 那天晚上，我躺在房车的易拉式床上，用电脑浏览那些宝石色的岛屿，寻找人类活动的痕迹。几代人为了阻止潮汐侵蚀小岛，建造了很多防洪建筑物，我要找的正是这些建筑物的残骸。在伯恩特威克河上，数条排水堤呈非天然形成的直线，穿过蜿蜒的小溪；而破裂的海堤顶部在开阔的水面上格外显眼。我继续滚动屏幕，查看邻近的岛屿和呈手指状的盐沼地，它们都有着同样的分支和被海水淹没后的颜色。放大后，我看到一些非常奇特的细节。我发现了沉没的驳船和其他被废弃的海防工程轮廓，还发现了亡灵岛上棺材湾（Coffin Bay）浅色的海滩，海滩上布满了海扇壳。那些七零八落的小路无比荒凉，如瘦骨嶙峋的手指伸向河口，它们指向的地方正是已经被海水淹没的沼泽地。

在漆黑的房车里，我似乎看到了人类家园未来的样子。气候变化导致海平面上升，狂风巨浪也随之增加，土地就这样被侵蚀。巨大无比的集装箱货轮也是造成土壤流失的元凶之一。这些巨轮如幽灵般穿过地平线和河口沼泽地，掩盖了我们挥霍浪费和无节制消费的真实规模。

第三部分　大海

第7章

康沃尔郡北部的佩兰沙滩

12月的一天，早上送孩子上完学，我便出发前往康沃尔郡的 167
北部海岸。大雨滂沱，天色阴暗，冬季的树篱之外，田野被笼罩在一片昏暗之中。尽管天气恶劣，我还是要到海边去，因为经过几天七级以上的西风洗礼之后，很适合赶海和拾荒。我开车转上博德明市（Bodmin）的A30公路，沿着康沃尔郡的花岗岩山脊向西行驶，我仍然不确定要前往哪一个海滩。康沃尔有很多“拾荒者海滩”，它们都有着各自的盛行风、怪异的洋流和地形，暴风雨过后，当地海滩上经常被垃圾覆盖。这些垃圾以某种方式从垃圾流中逃离，大部分时间都自此销声匿迹。它们要么在海上漂流，要么埋在沙子里。在康沃尔郡，很多海湾都是极具诗情画意的沙湾，有些人迹罕至的海滩常年遭暴风肆虐。10年或15年前，如果人们看到那些海滩散落着大量垃圾，肯定会觉得震惊。但现在，即使看到沙滩上遍布塑料垃圾，人们也见怪不怪，令人忧愁。在人类的垃圾进化史中，塑料已经成为这一阶段的主角。

到达海滩前，我永远无法确定自己会在那里发现什么。在这些比较荒凉的海岸上，变幻莫测、来去无踪的潮汐可能比潮水定期涨落的泰晤士河更加激动人心。潮水既可能在一天之内淹没整个沙滩，也可能在第二天完全退去，把沙滩上的一切带走，仿佛它们从来没有在那里出现过。那天早上，如果我真的能在岸上发现很多东西，里面肯定会有实用的日常物品，能够反映出现代人对便捷性、新鲜感和易用性的不懈追求。也正是这种追求，让我们陷入被垃圾摧垮的境地中。对我而言，在一片海滩上发现这些原本不属于那里的物品，这种不和谐感尤其发人深省。因为在我们自己的生活当中，这些物品如此常见，却又如此容易被忽视。

168 雨势越来越大，我放慢了车速。雨点掠过挡风玻璃，如飞沙般撞击着车顶。我把雨刷调到高速挡，视线依然模糊。汽车和卡车从我车边驶过，它们红色的尾灯闪烁着，消失于溅起的水花中。一辆铰接式大卡车轰隆隆地驶过，我眼前顿时白茫茫一片，我只能紧紧地握住方向盘。当道路重新出现在视野中时，它就像河流一样闪耀着光芒。

我把车停在佩伦波斯（Perranporth）附近的海滩旁，还差点错过了路标。10分钟后，我调头前往沙丘上的一个房车停车场。看到雨势渐渐变小，我松了一口气。和往常一样，我为那里独特的景色感到震撼，部分原因在于那里看不出有大海的迹象。这些沙丘是英国最高的沙丘，沿着裸露的大西洋海岸延伸了2.5英里，矗立在奇形怪状又不规则的山峰上，草丛和低矮的灌木丛使它们长期保持稳定状态。远处，一些暗褐色的房车停在沙丘中间。我朝那个方向驶去，途中看到不少扭曲的金雀花树干。受猛烈向岸风的影响，这些金雀花树发育不良，匍匐在地面上。我经过几辆空荡荡的房车，经过一座已被废弃的度假村，村里有咖啡馆和用厚木板装饰正门的冲浪酒吧，但都已经关门大吉。路过最后一辆房车，我把车停在了一个被水淹没的停车场的斜坡边缘。车里很温暖，但走出车外，风雨飘摇。我沿着沙路徒步穿越沙丘。沙路纵横交错，没有明确通往大海的路线。虽然我以前去过很多次，可每当到了道路分叉点，我还是要回头看看自己从哪个方向来，尝试记住返回房车的路线。高位处的沙子中插着木桩，这大概是某种路标，便于人们返回房车停车场。

我走到一个沙丘的顶部，对面就是宽广辽阔的海湾。大海 169
不断地咆哮着，在大风的推动之下，海浪整齐一致地拍打着地平线，白色的浪峰被撕开一道口子，在灰暗的天空中形成一条弧线。然而，只有当它们撞上远处的岬角时，才能让人真正感受到其磅礴气势。

我爬下沙丘最后一段陡峭的斜坡。那是一处沙崖，也是沙丘的尽头，其余部分都被暴风雨冲走了。走到海滩上，眼前的一切让我目不暇接。目光所及之处，遍布塑料垃圾。海滩的坡度较缓，海滩较高处的部分塑料制品被海藻缠绕，其他地方则被大片色彩鲜艳的碎片覆盖着。这比我以前来这里看到的境况更糟糕。一种熟悉又不安的矛盾情绪涌来。我既为人类对海洋所做的一切感到惊愕，又因之后可能发现的物品十分兴奋。

沿着最高处的海滨线搜索，我低着头，专心致志看着地面，以免看走了眼。我在康沃尔郡的大西洋沿岸找到的物品与英吉利海峡附近较为隐蔽的海滩所发现的物品大不相同。我先捡到了一只带西班牙浮凸字体的黄色塑料瓶，虽然大部分单词都被盘根错节的白色龙介虫覆盖，但我还能辨认出“concentrada”一词，其含义是“浓缩的”；旁边还有一个字体较大的单词“peligro”，意为

“危险”。瓶子里面的液体早已消失不见，看样子已经在水里泡了很多年。就像我过去在这里发现并追溯出历史的其他物品一样，北部海滩时常能看到被海浪冲刷上岸、印有西班牙文字的塑料瓶。有些塑料瓶很可能随北大西洋暖流（North Atlantic Drift）来到这里，而北大西洋暖流就是从墨西哥湾流延伸出来的。这些洋流像大河一样穿过海洋，从墨西哥湾和美洲东海岸带走较温暖的海水，然后穿过大约3000英里的辽阔大西洋。大航海时代，奴隶贸易的三角航线正是由这些洋流所决定的。毫无疑问，如今被海水冲上岸的塑料中，有些塑料也许和那些满载着糖、棉花和烟草从加勒比种植园返回欧洲的奴隶船走过了类似的路线。

170 几千年来，因为墨西哥湾流的存在，北欧部分地区比其他相似纬度地区要温暖得多。例如：加拿大纽芬兰省（Newfoundland）的海洋中有浮冰群。研究表明，气候变化所带来的深远影响之一就是这些洋流的流速将会变慢。北大西洋环流圈（North Atlantic Gyre）是围绕平静且辽阔的马尾藻海运行的洋流系统，而作为该环流圈的一部分，墨西哥湾流的任何变化都可能改变欧洲乃至全球的气候模式（当然，也正是这些洋流把鳗鱼幼体带到了欧洲，并让银鳗洄游到遥远的产卵地）。

直到最近几十年，我们大部分人才开始对这些大型海洋环流有所了解。主要是因为旋转式洋流产生了一个漩涡，把漂浮于海面的垃圾吸了进来。在全球海洋的五大环流中（北半球顺时针旋转，南半球逆时针旋转），第一个进入公众视野的环流位于北太平洋（North Pacific）。20世纪90年代末，有报纸报道称，科研人员遇到了“一座漂浮的垃圾岛，其面积堪比得克萨斯州”，并称之为“大太平洋垃圾带”（Great Pacific Garbage Patch）。这一称呼颇具误导性，而现在，该区域多被戏称为“塑料汤”（Plastic Soup），但必须承认，当时的夸张表述引起了人们对海洋垃圾的关注。世人根本不知道该垃圾带的存在，它远离大陆和污染源，我们曾以为那是一尘不染的原始海域。当科研人员开始对其进行研究时，却发现其他主要环流的中心也有类似密度的塑料碎片，其中就包括位于马尾藻海某处的巨大北大西洋垃圾带（North Atlantic Garbage Patch）。

我不禁想，我捡到的那只破塑料瓶是否来自绕环流的边缘？它的旅途从何处开始？在海上漂流了多久？它是否被洋流拖进了“塑料汤”里，然后成功逃脱？我当然永远无法知道这些问题的答案，但有时候，某些被海浪冲上岸的垃圾是可以追溯其来源的，比如我最近在附近海滩上发现的浮标。

那只浮标被海滨线上的杂草缠绕在一起，材质是聚苯乙烯， 171
坚硬的表面已磨损不堪，有手工雕刻的“魔法师”（WIZARD）几个字。当我把它捡起来的时候，发现下面挂满了鹅颈藤壶，可能是它在海上漂浮时附着于底部的。塑料出现以前，这些藤壶主要附着于浮木，但是，我在人字拖鞋、塑料瓶和牙刷等被海浪冲上岸的所有物品表面都发现过鹅颈藤壶。这种形状奇特的生物通常会在开阔的海洋上度过一生，它们之所以叫“鹅颈藤壶”，是因为中世纪的英国人认为这种生物是白颊黑雁，又称“藤壶雁”的胚胎形态（这种鸟习惯迁徙繁殖，旧时英国没有人见过它们的蛋）。幼虫时期的鹅颈藤壶随着浮游生物漂流，偶遇漂浮物后，便牢牢地粘在上面，在富有弹性的长长“鹅颈”末端长出坚硬外壳。根据鹅颈藤壶的大小，我们可以推算出它们所依附的漂浮物已经漂流了多长时间，有时还可以作为法医学证据。2008年，康沃尔郡海滩上出现了几包行李箱大小的可卡因，上面长着成熟的鹅颈藤壶，从时间上推算，它们可能是从加勒比海漂流而来的。

“魔法师”可能是原来携带浮标的那艘船的名称，于是我把它拿回家，看看还能发现什么信息。墨西哥湾流会把不少来自美洲东海岸的渔具冲刷到这些海滩上，我便先找了在美国注册的船只，看是否有名叫“魔法师”的，结果发现很多船都叫这个名字。接着，我又把这个浮标的照片上传到好几个网站，心想着或许有人能够认出来。脸书上一个名为“钓龙虾知识大全”（All Things Lobstering）的群组给出了最恰当的回答，有人提示说，它可能来自阿拉斯加的捕蟹船“魔法师号”，在电视纪录片《渔人的搏斗》（*Deadliest Catch*）中，这艘船名声大噪（群组中的其他人认为，考虑到洋流特点和浮标的大小，它不太可能属于“魔法师号”捕蟹船）。当天晚些时候，我收到了一位名叫乔（Joe）的群组成员的来信，他说自己认得这个浮标，它可能来自新泽西州波因特普莱森特（Point Pleasant）的一艘捕龙虾船，那里距离纽约南部约30英里。后来，我又收到乔的来信，他说他已经用短信把照片发给“魔法师号”的船主了。那位船主是波因特普莱森特一名捕龙虾的船夫，他说没错，这个浮标确实是他的。但是，他最后一次用火烧的方式把船名刻在浮标上，已经是八年前的事情了。从我提供的照片来看，他确定这个浮标是他放置在大西洋上的，“每放置一次管用八年”。在我找到的浮标中，这个浮标不是外形最漂亮的，但我知道它来自哪里，这正是它最与众不同的地方。我把它保留了下来，时不时地想象一番它经历过的旅程。我把浮标挂在花园里晾干，悬垂着的藤壶逐渐没有了腐烂的鱼腥味（孩子们还小的时候，有一次，我们全家在离家几英里的地方游玩，他们闻到了一些奇怪的味道。“呃，”我儿子平静地对他妹妹说，“你可以从这里闻到妈妈晒的鱼干味。”）

风越来越大，我背对风蹲着，把一根荧光棒从一团杂草中剥 172
离出来。我家里收藏了很多这样的荧光棒。20世纪90年代，人们在狂欢晚会中常使用这种荧光棒。把塑料荧光棒折弯后，里面的玻璃安破裂，引发化学反应，达到发光的效果。多年来，我在康沃尔郡海滩上发现过很多荧光棒，让我感到很奇怪。起初，我以为它们来自冲浪爱好者举行的海滩派对。事实上，它们是渔夫遗失的渔具。像金枪鱼这样的鱼类易受光线吸引，渔民以荧光棒作为诱饵，用长线和渔网把上百根荧光棒缠绕起来，部分荧光棒就难免会丢失。

前方，一堆缠结在一起的渔网和绳子搁浅在海滩上；远处还有几捆渔网和绳子，呈现出人造材料的亮橙色和亮蓝色，但就像搁浅的海洋动物尸体一样沉重。在海上，渔民遗失或被丢弃的渔网会变成“幽灵渔具”，它们就像致命的帘幕一样，在海面下漂浮，困住鱼类、海鸟和海洋哺乳动物。据估计，我们的海洋中每年都会增加64万吨废弃的渔具，而且现在几乎所有渔具都是人造材料，这使问题变得更加严重。20世纪50年代以前，渔网由可生物降解的材料制成，比如长纤维植物或剑麻，到了现在，95%的废弃渔具都是塑料。事实上，类似于聚氯乙烯和尼龙这样廉价耐用的新型材料，非常适用于极端恶劣的海洋环境。和其他很多产品一样，采用塑料作为原材料以后，渔具的价格随之降低，也降低了置换成本，因此，渔民更容易作出丢弃渔网的决定。可问题在于，这些人造材料无法被生物降解，所以在未来的几十年甚至几百年里，它们将继续以各种可怕的方式伤害和杀死野生动物。

173 我捡起另一只塑料瓶，这个瓶子破烂不堪，看起来像被鱼咬过一样，留下了咬痕（某些鱼类有非常锋利的下颚）。这让我想起了最近在此处发现的另一只塑料瓶。那是一只很厚的绿色塑料瓶，被一只乌龟咬过，瓶身上有独特的钻石形咬痕。我把自己喝过水的塑料瓶扔进袋子里，准备带回家。尽管被遗弃的渔具很致命，但恰恰是这些我们花钱买来的日常用品，才会对环境造成最大伤害。

又寻找了几个小时之后，我终于直起身子。由于蹲着搜索的时间太久，我感觉身体很僵硬。潮水已然退去，大风吹起的浪花在空中飘扬，给远处的海滩蒙上了一层朦胧的面纱。沿着散落垃圾的海滩向外看，很难想象海浪是凭借自己力量将这些垃圾推上了岸。

我发现了一个卷发器的白色塑料格子，于是把它扔进了袋子里。现在，袋子里几乎装满了塑料，这完全在我的预料之中，海滩上的垃圾向来以塑料居多。袋子里的东西包括高尔夫球座、瓶盖、衣夹、梳子、几株塑料植物的残骸、圆珠笔盖、两个玩具士兵和外卖寿司里搭配的鱼形塑料酱油瓶。显然，在这些拾荒者常来的海滩上，大多数塑料并非是人们在海上丢弃的，它们其实来自陆地。塑料或从排水沟进入下水道和雨水沟，或被大风从路边和垃圾桶吹进河流，或被海浪从海滩卷走。今天，我捡到的这袋塑料属于常规物品，在全球各地，海滩清洁工都能找到同样的塑料垃圾。

因此，在海洋动物、鱼类和海鸟的胃里，也不可避免地出现 174
了同样熟悉的物体和碎片。2009年，一些令人难忘的照片出现在世人面前，其中包括克里斯·乔丹（Chris Jordan）对莱桑岛（Laysan）信天翁遗骸拍摄的一系列照片。这些照片拍摄于太平洋环礁的一个海洋保护区内，与20世纪90年代的漂浮垃圾岛一样令人震惊。每张照片都展示了一只信天翁的遗骸，而这些信天翁大部分还是雏鸟。有些照片给人留下极其强烈的冲击感，照片里的信天翁保留了它们正在逝去的、不易觉察的美感：纤细的骨头、卷曲的胸部羽毛、如大天使般的翅膀曲线。然而，每只信天翁的肚子里都有一团坚硬的彩色塑料，有些塑料散落在地上，而有些塑料仍然在它们的胸腔里。

就像在今天海滩上的塑料一样，信天翁体内的大部分塑料都是无法辨认的碎片，但它们也都是我们所熟悉的日常用品，比如瓶盖、打火机、笔盖、牙刷和便宜的塑料玩具，而恰恰是这些物品，赋予了照片一种震撼人心的力量。信天翁喜欢在大太平洋垃圾带觅食，它们从海面掠过时，误以为塑料是自己天然食谱中色彩斑斓的乌贼和墨鱼（塑料上覆盖的水藻似乎也会释放出一种气味，触发鸟类的觅食行为）。然后，雄伟且充满传奇色彩的信天翁叼着塑料返回环礁，喂养它们的雏鸟。

我还捡到了一只比克（BIC）圆珠笔盖。这是一只蓝色笔盖， 175
褪色得非常厉害，我不禁想它到底在海滩上待了多久？比克圆珠笔公司成立于1950年，当时的人们仍使用吸墨钢笔，批量生产的廉价圆珠笔是一次性笔的先驱。正如当时的许多创新产品一样，比克圆珠笔比它的前身更便于使用，且成本很低，甚至不用额外花钱买墨水。继圆珠笔之后，比克及其长期竞争对手吉列（Gillette）又给我们带来了一次性打火机和剃须刀，我也捡到过几个一次性打火机和剃须刀。一次性打火机不用反复充气，而一次性剃须刀不用磨刀片，它们使我们的生活变得更轻松。随着廉价的一次性产品逐渐进入我们的生活，我们的需求越来越多，而在一次性产品发明之前，我们根本没意识到自己有这些需求。最终，我们习惯了一次性产品带来的舒适感和便利性，并接受了所有一次性产品，包括餐具、咖啡杯、盘子、泡沫外卖盒和尿布等（不过，我们并没有接受比克公司推出的一次性内衣）。事实证明，只要让一次性垃圾迅速远离视线，我们就可以为了方便而忽略很多东西。

我们越来越接受使用一次性物品，而产品本身和材料也逐渐失去了价值。没过多久，商家就开始免费赠送塑料产品。注射成型技术不断进步，催生了廉价的塑料玩具，在英国，早期一些卖谷物食品的公司向消费者免费赠送塑料玩具，家乐氏公司（Kellogg）就处于这场营销革命的前沿——这是我在沙滩上找到一只家乐氏小公鸡形状的循环反射器后得出的结论。回到家里，我在网上进行了一连串的搜索，得知它是1989年家乐氏推出的玉米脆片（Corn Flakes）包装盒赠送的“适宜收藏”的六款循环反射器之一。

这一发现让我进入了古董玩具收藏者的行列。我偶然发现了一些网站，网站的内容经过精心编辑，详细描述了具有70多年历史的英国谷物包装盒玩具，并罗列出每一套玩具中的每一种颜色和每一名成员。我在eBay上找到了数百件正在出售的包装盒玩具，有些已经被小孩玩过，有些则是“全新未拆封”。我很想知道，什么样的人会几十年都不打开产品的包装。1957年，家乐氏推出的玉米脆片产品免费赠送蛙人玩具，这款具有开创性的玩具特别值得收藏。蛙人的脚里有发酵粉，把它浸入浴缸里时，在气泡的作用下，它就会浮上水面。据说这款玩具非常受欢迎，我曾向几位70多岁的朋友提到过蛙人玩具，他们的反应证实了这点。

蛙人玩具大获成功，家乐氏的竞争对手受到启发，很快也纷 176
纷效仿。我浏览众多网站，研究了几十年来谷物包装盒玩具的发展历程，发现了许多令人难以置信的塑料玩具，包括“可拉伸宠物”（Stretch Pets）、新奇火炬、可可米（Coco Pops）附带的“勺子盖”、塑料排箫和蝙蝠侠（Batman）潜望镜等。后来，我得知这些免费玩具的产量在数百亿个时，开始思考一个问题：我在海滩收集到的塑料玩具中，有多少来自谷物包装盒？

我的大部分玩具都放在托盘里，这些托盘专门用来装我最钟爱的物品；然后，我把托盘按类型加以分类，并排放置在不同木格中。根据网站的信息，我有条不紊地辨认着这些玩具，先是身着长袍的牧师、维京人和伞兵，然后是半个小天使和非常瘦的芭蕾舞演员——就是那种你打开音乐盒时开始旋转的小人儿。有些玩具我觉得与谷物包装盒无关，包括罗圈腿的小牛仔、印第安人、骑士、无头骑手和塑料士兵。这些都是很常见的玩具，并且在海上漂浮时会变得残缺不全。除了武器已经弯曲变形以外，许多人物都缺胳膊少腿，有时连脑袋都不见踪影，还有几个被拦腰切断。其他人物要么躯干被海浪腐蚀，要么只能靠脚部的球形连接处站立。我用谷物包装盒玩具网站的资料对比也根本认不出来这些人物。

除了人物，我还对塑料动物进行了分类。现在，我的藏品中有一只袋鼠、一只老鼠、一只奔跑的野兔、半只狗、几只山羊、一只小猪、一只黑暗中能发光的蜘蛛和一只塑料霸王龙。在海滩上找到它们时，我也不知道这些动物是什么。我最喜欢那些残缺不全的动物，经过海上的多年漂浮，它们或褪色，或磨损，有些动物的尾巴和耳朵已完全磨损掉了，有些只剩下部分残存的大腿。最值得收藏的是那些破旧到呈现出过渡物种外观的动物，比如像角马的绵羊、像剑龙的食蚁兽、像地狱犬的豹子等。

177 接着，一只动物吸引了我的注意力，我一直以为它是橙色的狗熊，因为它举着双臂，手里拿着什么东西，这动作看起来很熟悉，于是我把它放到电脑旁边，开始滚动电脑屏幕，查看谷物包装盒玩具清单。几分钟后，它出现在了屏幕上，原来它不是熊，而是一只手套式木偶狗“布奇”（Butch），其名字来自20世纪50年代首播的儿童电视节目《苏蒂》（*Sooty*）。1973年，家乐氏推出了谷物玩具系列“苏蒂和朋友们”（Sooty and Friends），作为免费赠送的礼物，放在可可米包装盒里。我把它与网站上一排“全新未拆封”的亮橙色玩具做对比。我手里的布奇在海上漂浮了45年，或在沙子里埋了45年，表面已经褪色，牙齿也磨损掉了；除了耳朵参差不齐以外，它身上还有伤痕，膝盖也很肮脏。

不过，我终于弄清楚了它的身份，这使我无比欣喜。这些赠品是早期电视营销的例子之一。随着一些电影大片的上映，免费赠品策略达到了新高潮。如果我端着托盘，向孩子们展示我在海滩找到的物品，他们最先触碰的通常是小黄人（Minion）。当儿童从谷物包装盒里取出布奇的时候，各大品牌越来越认识到，针对儿童设计产品是一种有效的营销方式。这种营销不仅能产生立竿见影的效果（儿童会缠着父母购买产品），还会对下一代形成较为长期的影响。它给儿童植入了品牌意识和冲动购买等习惯，而这很可能变成一种终生习惯。

就在谷物盒玩具达到鼎盛时期之后的几十年里，廉价的一次性塑料已经进入我们生活的每个角落，这可能是当时的人们无法想象的。我在康沃尔郡的海滩上发现了从塑料勺子到派对礼花等各种各样的塑料制品，还有从我们的浴室冲进大海的各类塑料产品，包括棉签棒、卫生棉条、药品和药丸包装，以及用于清洁牙齿的塑料小工具。也就是说，这些塑料经常会出现在海滩上，我会停下脚步，看一眼自己日常生活中用到了多少塑料；为此，我还不止一次地研究过腋下除臭棒的内部工作原理。

不过，最近常出现在海滩的是一种带棱纹的小盖子。那是一 178
种简易的螺帽盖，曾被用在所有牙膏管上。看到它躺在海滩上，我顿时意识到近年来牙膏盖子发生了多少变化。这些带棱纹的盖子是海滩上的常见物品，毫无疑问，有些盖子来自旧款的金属牙膏管（我在泰晤士河口的海滩上也发现过金属牙膏管。有时候，管子的末端仍保持整齐折叠的状态，这是因为使用者想挤出最后一点牙膏）。与现代常见的包装一样，近年来的牙膏管设计已经变得越来越复杂。如今，牙膏管由多层不同的层压材料制成，类似设计还用在其他产品的包装上，比如由七层金属箔片和塑料制成的炸薯片包装袋。这种层压材料导致牙膏管的回收难度越来越大，甚至无法回收。近年的牙膏管设计出现了一种变化，即用一个硕大无比的塑料盖盖在牙膏管上，这样就可以把牙膏管倒立起来，省去了使劲把剩余牙膏挤出来的麻烦。

这让我想起市面上刚兴起带巨大瓶盖、“自上而下挤压式”的塑料调料瓶时，我还惊愕于这种设计。可我没能注意到它们的传播速度有多快。似乎没过多久，这些瓶子和盖子（创新设计者称之为“超大尺寸的盖子”）已经变得和它们所取代的旧版本一样普遍。除了番茄酱和调味汁以外，我家附近的超市现在还出售“自上而下挤压式”的塑料瓶装蛋黄酱、芥末、菜酱、奶油、蜂蜜和果酱。随着时间的推移，这种塑料瓶可能是购买上述酱料时唯一可选的容器，只不过我们可能需要更长的时间才能适应倒过来挤压的新款马麦酱“罐子”。产品包装的这种变化很少会突然发生，厂商一般将新老版本设计同时推向市场，因为某些消费者可能无法接受新版本。

近处，海浪裹挟着浪花而来；而远处，天空已下起雨，犹如给地平线戴上了一层面纱，让人看不清它的真面目。刚刚那里有一艘集装箱货轮经过，还能看到模糊的形状，可如今早已不见踪影。站在泰晤士河口往远处看，地平线上的集装箱货轮给人一种不真实感，让人无法感知它们的实际大小，甚至觉得它们与我们自己的生活没有任何关系；而从海滩上看过去，这种感觉尤为强烈。但我们日常购买的商品中，90%都是由集装箱货运这个基本上隐形的行业带来的，恐怕我们很难相信这个数据。有些货轮一次可以运输两万个卡车大小的集装箱，而每年全球集装箱运输量达到惊人的五亿个，集装箱里装着从食物、玩具到电视和汽车等一切商品。随着全球范围内商品消费量不断增长，如今最大集装箱船的尺寸已经是20世纪80年代初集装箱货轮尺寸的六倍。

有时候，集装箱会掉进海里。经过一段时间，里面的东西常 179
被冲到某个海滩上。从被风暴冲上岸的碎片残骸中，人们可以看到集装箱里装了哪些奇奇怪怪的货物。其中一块碎片来自一只亮粉色盖子，我家里还有同一色度的其他盖子，它们都来自2016年的“粉潮”。那场潮汐中，许多塑料瓶被海水冲上康沃尔郡的海滩。当时的景象非常壮观，大片鲜艳的粉色物体漂到近海，并散落在海滩上。相当具有讽刺意味的是，尽管现场找不到任何产品标签，但因为该品牌与众不同的颜色，所以很快就被人认出来是“渍无踪”（Vanish）牌去污剂。没过多久，该品牌的母公司就证实说，八个月前，公司的一艘货轮在兰兹角（Land’s End）丢失了一个集装箱。后来，去污剂的瓶子也被冲上海岸。从瓶子到岸的时间有所延迟来看，似乎集装箱先是沉到了海底，然后在冬季暴风的影响下，才开始释放出27吨去污剂。

没人知道全世界到底有多少集装箱掉进大海，部分原因在于企业没有义务公布已丢失的集装箱信息，当然，任何公司都不希望自己的品牌与海洋污染事件产生关联。虽然有人声称全球每年丢失2000个集装箱，但也有些人认为，这个数字接近一万个。在风急浪大的海面上，集装箱往往会脱离固定装置，掉入海中，一些集装箱（尤其是水密性能较好的冷藏集装箱）能在水面上漂流好几个月，进水后逐渐沉入海底。过了一段时间，集装箱里的货物通常会被释放出来。如果这些物品很容易浮起来，可能就会出现在我们的海滩上，最终成为像今天这样散落在沙滩上、无法辨认的碎片。康沃尔郡附近海面上的“渍无踪”被初步清理干净后的一年时间里，完整的空瓶子和盖子仍然陆陆续续地被海水冲上海滩，不过现在以粉红色的塑料碎片和少量瓶盖为主。

180 然而，康沃尔郡海滩上的集装箱泄漏物很少像粉红色波浪那样给人留下深刻印象。更常见的情况是，经常光顾海滩的拾荒者只会注意到某些带奇怪规律的东西。近年来，康沃尔郡海滩上出现的集装箱泄漏物除了静脉滴注袋和风格独特的白色塑料圣诞装饰品以外，还有惠普（Hewlett Packard）墨盒（这些墨盒在2014年大西洋风暴中掉进海里）和雀巢（Nestlé）的“茶胶囊”。和往常一样，我的袋子底部已经装了几颗雀巢茶胶囊。据说，茶胶囊是在2014年的集装箱货物泄漏事件中一起丢失的，此次事件的发生地点在比斯开湾（Bay of Biscay）。四年后，胶囊的彩色箔片早已粉碎，但胶囊还残留着一块插头大小的黑色塑料。我已经留意当地海滩上的这些东西很长一段时间了，后来，我的一位朋友向我解释说：雀巢的茶胶囊都是为其“优质胶囊茶制造商”设计的，每颗胶囊可泡一杯茶。当时，我还不知道有茶胶囊这种东西。事实上，茶胶囊的设计灵感来自单人份咖啡胶囊系统，它有很多优点，比如“减少冲泡时间”“无须量取”等。然而，胶囊也会产生大量垃圾，所以，美国最畅销胶囊的发明者不无遗憾地说道：“有时候，我对自己发明了这种产品感到内疚。”但是，现在一切都为时已晚。一旦我们知道某种新设计会给生活带来便利以后，无论这种便利性多么微不足道，我们似乎都无法回到原来的生活方式。

当然，塑料改变了我们的生活，在很多方面让生活变得更美好。塑料可以替代稀缺的天然材料，例如：塑料减轻了汽车重量，从而减少油耗；塑料还用于制造心脏起搏器、静脉滴注、人工关节等许多挽救生命的先进医疗设备。可问题在于，我们滥用了塑料，把宝贵的不可再生资源变成“用后即弃”的一次性产品。用来制作塑料的石油需要数百万年时间才能形成，而我们却把它变成了只能使用几分钟的产品。

如今，我们制造的塑料产品多半是一次性的。在我脚下散落 181
的碎片中，只有少数几块还能辨认出来，包括一只瓶盖、一只气溶胶喷嘴，以及一把断掉的外卖食物叉子。然而，正是通过这些物品，包括各种各样的塑料托盘、袋子、瓶子和包装材料残骸，食物和饮料才能从数千英里之外来到我们手里。这种一次性塑料改变了我们的购物方式，依靠所谓“一次性”包装，原本只能在本地购买产品的消费者变成了全球化的消费者。

过去，原材料可以重复使用或回收利用，但由于人们不重视资源，这个古老产业的运行周期被打破了。只要制造商采购新塑料的价格低于再生塑料，他们就会持续购买新塑料。如今，只有2%的塑料包装采用了再生塑料，这一比例小得可怜。宝贵和有限的资源继续着它们的“单程旅行”，而终点站要么是垃圾填埋场，要么是焚化炉，或者逃入大自然的环境中，最终进入我们的海洋。

与上述处理方式相比，回收塑料更加可取，但是，回收塑料并非我们想象中的灵丹妙药。除了运输和加工废旧塑料需要消耗能源，以及通过降级回收手段生产出来的低质量材料所面临的技术限制以外，英国对海外回收市场存在严重的依赖性。在2018年中国颁布进口垃圾禁令之前，英国三分之二的可回收塑料都被销往中国，而自从中国市场关闭后，英国缺少塑料回收的必要基础设施，导致废旧塑料堆积如山，或者被运到其他遥远的国家，比如泰国、马来西亚和越南。由于这些废旧塑料一般质量较差，或没有经过妥善分类，又或者受到污染，其中一些塑料难免会被扔到垃圾填埋场。倘若这种情况发生在那些不妥善记录废弃物处理情况的国家，我们出口过去的一些塑料垃圾也很有可能最终进入这些国家的水道和海洋。

182 还有人谴责说，回收塑料可以减轻我们的罪恶感，降低我们高能耗生活方式的成本。在《纽约时报》的专栏作家约翰·蒂尔尼（John Tierney）看来，我们把回收垃圾当成了一种道德救赎行为，以此“救赎无节制消费的罪行”。开车去垃圾场扔垃圾或把垃圾桶放到屋外会给人一种贴心、干净的感觉，同样的，回收垃圾可以为我们腾出更多空间。

天开始下雨。我暂停搜寻，观察一只银鸥在一堆杂乱的垃圾中向后猛拉着身体，好像要把鱼骨之类的东西扯出来。我拉起风帽，这个动作惊扰了银鸥，它扔下嘴里的东西，立刻飞走了。它迅速掠过海面，可能朝纽基（Newquay）的垃圾桶方向飞去了，灰暗的天空中只留下它醒目的白色身影。

我转过身，迎着雨点和狂风朝房车走去。我最后找到的两样物品分别是一个走珠除臭剂里的球珠和一把牙刷。我回头看了一眼垃圾遍地的海滩。显然，这些物品的使用寿命结束后，就被它们的主人丢弃了。然而，这些有形的垃圾只是该物品生命周期中所产生的大量垃圾当中的一小部分而已，其中大部分垃圾甚至在它离开工厂之前就已经形成了。工厂每制造一个垃圾袋或摆放在路边的轮式垃圾桶，原材料的采集或制造等“上游”环节就会产生更多垃圾。

因此，从很多方面来说，这把被海水侵蚀的旧牙刷背后有着 183
悠久的历史。它被海浪打磨得很漂亮，刷柄扁平，有一排排小洞，没有刷毛。20世纪80年代以前，所有人都使用这种款式的牙刷。1780年，威廉·阿迪斯（William Addis）首次量产骨质牙刷，而从那时候开始，这种简单的设计就几乎没有改变过。虽然竹牙刷在中国已经使用了好几个世纪，但在阿迪斯发明牙刷之前，绝大多数英国人都通过咀嚼枝条或使用碎布蘸盐或煤灰的方式来清洁牙齿。 阿迪斯原是一名来自伦敦东区的废旧货商人，据说他因犯下暴动罪而遭到监禁。坐牢期间，他突然灵机一动，发明了牙刷。传闻称，他的第一把原型牙刷是他用监狱食物剩下的骨头制成的，设计灵感来自他所在牢房角落里的一把扫帚。发布了原型产品之后，他便开始批量生产牙刷。得益于18世纪糖消费量的急剧上升，新牙刷大获成功。最初的牙刷手柄是用骨头制成的，当地妇女在家里用猪鬃做成刷头，并按计件方式收费。后来，阿迪斯的公司［后来改名为维斯顿（Wisdom）公司］改进了牙刷的材质，用赛璐珞代替骨头，用尼龙代替猪鬃，继续充当行业的领导者。20世纪50年代，除了牙刷以外，很多产品的原材料都被人工合成的塑料所取代。

这种简单的设计延续了两个多世纪，而如今我从漂浮物中发现的牙刷很少再采用此类设计。相反，我所发现的大部分现代牙刷都有各种令人眼花缭乱的、符合人体工程学设计的粗大刷柄；牙刷的颈部成一定的角度，且镶嵌着彩色塑料和橡胶握把。由于现代牙刷的材料和设计都比较复杂，几乎都没有回收利用的价值，这也就意味着绝大多数牙刷最终都被扔进了垃圾桶。

当然，我们还有更多的高科技替代品，包括各种电动牙刷[博朗（Braun）的欧乐B（Oral-B）睿翔（Triumph）电动牙刷不仅提供脉动、旋转和振荡功能，而且能在你刷牙时把你的口腔状况通过无线信号发送到屏幕上]。近年来的另一项技术创新则是越来越流行的一次性电动牙刷，这是一种价格低廉的防水牙刷，电池无法更换。和如今市场上的其他牙刷一样，它也被设计成无法修理的产品。所以，经过几个月的使用之后，这些牙刷也将被扔进垃圾焚烧炉或填埋场。

184 然后呢？在纪录片《垃圾填埋场的秘密生活》（*The Secret Life of Landfill*）中，有这样一幕发人深省的场景：两位主持人整理了从20世纪80年代废弃的垃圾填埋场的密闭环境中挖出来的垃圾。经过了三四十年，这些垃圾发生了惊人的变化。他们拿出一些合成材料制成的衣服、塑料包装材料和一次性纸尿布，所有物品几乎和它们被密封前一模一样。然后，他们找到了一份报纸，剥开它潮湿的页面，发现里面的内容仍然清晰可辨（报纸的发行年份是1986年）。我突然意识到，我的家人在20世纪80年代也扔掉了很多垃圾，尤其是采用了新技术的产品，顿时内心深感不安。那些垃圾未来还将留在原处，只是被青草覆盖后隐藏不见了而已，这些有限的资源都没有得到重复利用。

如今，虽然人们常把塑料视为主要问题，但塑料只是我们从短期角度对资源浪费所造成的长远影响进行思考的一个例子而已。尽管我们不断意识到高能耗的消费方式会让我们付出巨大代价，但几乎没有任何迹象表明我们正在改变自己的生活方式。从玩具、衣服到电子设备，我们继续购买更多商品。现在，英国女性购买的商品数量是10年前的两倍。在过去10年里，高科技电子产品的“计划报”数量屡创新高，这些产品更新换代的速度正在加快。

所有这一切意味着我们也在制造出堆积如山的电子垃圾。电子垃圾的增长速度是塑料的两倍，这个问题正变得越来越严重。已回收的电子垃圾只占所有电子产品的20%，所以，这些产品也在我们的橱柜和阁楼里堆放一段时间之后，多数最终被扔进了垃圾填埋场或焚化炉。和其他产品一样，在设计阶段，厂商并不鼓励用户重复利用或回收电子产品，于是我们再次浪费了宝贵和有限的资源，包括主板和微型电路集成芯片中的稀土和贵金属。

和塑料一样，解决日益严重的电子垃圾处理问题的一种常 185
见措施是向发展中国家出口电子垃圾。卡车大小的集装箱抵达英国后，再把我们过时的电子产品运走。尽管欧盟制定了电子垃圾出口的相应法规，但在电子垃圾中间商的操作之下，人们可能对它们的最终目的地知之甚少。倘若某个国家对废品回收缺乏监管，则贫困可能会促使人们冒着牺牲健康和当地环境的风险，从电子垃圾中提取出值钱的原材料。他们会在开阔地焚烧塑料和电线，为了提取铅而熔化焊接电路板，以及为了提取少量的黄金而把微型芯片浸入酸性液体中。探访这些地区的记者称，他们闻到了熔化的塑料所散发出来的恶心、有毒的恶臭气味，还看到路边和当地农田里垃圾遍地；有毒残留物流入当地下水道，污染了水源。

然而，到了那时候，英国人再也不需要担心这些问题了。

第8章

康沃尔郡南部的惠特桑德湾

189 几个月后，我把车停在惠特桑德湾的崖顶上，那里离我住的海岸有40分钟车程。一条小路穿过密密麻麻的灌木丛，涨潮时，那里几乎没有海滩，但那天早上，海床的砂层绵延数英里。一夜之间，海上又刮起了大风，在光线的映衬下，海面呈现出油彩刮涂后的质感。

整个冬天，我经常去这些小海湾，尤其是在风暴之后。那是英国给风暴取名的第三年，最先得名的是10月份的“奥菲利亚风暴”（Storm Ophelia），即以前的奥菲利亚飓风，它在谢佩岛登陆；而就在它登陆前几天，谢佩岛异常平静。在那之后，“布莱恩风暴”（Storm Brian）登场，它给我带来了第一双塑料胡须。冬天结束时，我一共收集到了三双半塑料胡须。

跟往年一样，秋季的风暴把大量海藻卷上沙滩，清理了夏季的旧植被。因此，最初几次来惠特桑德湾时，我要用一根棍子去戳开那些腐烂的海藻，才能蹚出一条路来。接下来的几周或几个月时间里，天气和各种食腐鸟兽将各尽其职，海岸的顶部最终只会剩下塑料。后续的风暴没有带来太多海藻，但带来了更多塑料。惠特桑德海湾特别容易聚集较小的塑料碎片。那年冬天，我多次走到沙滩上，发现上面覆盖着大面积的小块塑料碎片。

最近的一场风暴叫“艾玛”（Emma），它在几周前卷走了沙 190
滩上的大部分垃圾。然而，直到我走到小路的尽头，才看到塑料仍然覆盖着大部分沙子，越往海滩下面走，塑料碎片就越小。沙滩上有几条蜿蜒曲折、明亮多彩的碎片带，犹如一个小孩拖曳着棍子，在沙滩上留下了拖痕。碎片带止于悬崖脚下，那里有更多碎片漂浮在潮水潭的水面上，像一锅可怕的塑料汤。就像肚子里填满塑料的北海管鼻鹱一样，这里比信天翁和洋流垃圾带更触动人心，它明确地提醒着人们，塑料在海洋环境已变得非常普遍，因此，塑料也存在于海洋生物的体内。

在潮水潭里，大部分漂浮的碎片都是胶粒。这些胶粒其实是大小如扁豆的小球形树脂，溶化后可用于制造从手提袋到塑料椅等我们平常所购买的几乎任何塑料产品。消费者平常是见不到这些颗粒的，胶粒之所以出现在海滩上，是因为它们在运输和制造过程中洒落出来。胶粒又小又轻，很容易被风吹走，或者被冲洗到排水管，进入我们的下水道中。最终，它们进入了海洋，海鸟和鱼类把它们当作食物吞食。如今，和其他塑料微粒一样，胶粒出现在最人迹罕至的海滩上，且遍布世界各地的海洋。

我的一位朋友罗布·阿诺德（Rob Arnold）经常来清理这片海滩。那年冬天，我好几次绕过岩石，发现他拿着簸箕和刷子蹲在海滨线上。罗布曾是一名农业工程师，他利用自己的专业知识制造了一台可以开到海滩上的特殊机器。这台机器配备了筛子和浮选装置，能够将胶粒和塑料微粒从海藻和沙子中分离出来，然后装进袋子里。有时候，罗布会把塑料胶粒运回家，在自家门前的草坪上晾干后手工分类。前一年，罗布在这里清理了一次海滩之后，为了增强人们的环保意识，他决定清点胶粒的数量（先清点一杯胶粒的胶粒数量，然后按杯子容量计算总体积）。首先，他要用一系列分级网筛对胶粒做进一步分选（还好他家位于一条安静的死胡同里，因为筛网工作的动静很大），其次，用电吹风进行风选（灵感来自谷物风选设备）。最后，罗布和当地一群志愿者只用了一天时间，就从这片海滩上清理出了350万颗胶粒。

191 上次碰到他时，我正带着我的女儿赶海拾荒。让我感到高兴的是，她受到一个故事的激励，重拾了海滩拾荒的热情，而这个故事与一批乐高玩具（Lego）在海上丢失有关。1997年，一艘驶往纽约的集装箱货轮“东京特快号”（Tokio Express）在距离兰兹角20英里处遭遇大浪，船体急剧倾斜，船上的62个集装箱掉入海中，其中一个集装箱里装着近500万件乐高玩具。令人高兴的是，很多玩具都是海洋主题套装，包括潜水罐、救生衣、海藻、潜水用的脚蹼、救生筏和章鱼等。20多年后，仍有一些乐高玩具不时被冲上康沃尔郡的海岸，寻找乐高玩具已经成为乐高迷的一种爱好。在乐高迷找回的所有玩具中，最著名的是33941条乐高玩具龙。正是这些玩具第一次激起了我女儿的兴趣，她平常最喜欢收集玩具龙（最近我找到了一条乐高龙，但当时她正在学校上学，未能参与到寻龙过程中，这让她感到很遗憾）。

所以，当我们那天在海滩上遇到罗布时，她首先自豪地拿出自己的乐高脚蹼，与罗布的脚蹼作比较。然后罗布告诉她，他捡到了一颗罕见的粉色胶粒。那天他在海滩上捡到了350颗胶粒，只有一颗是粉色的。从童年开始，我女儿就对“罕见”这个词没有抵抗力，尽管她说自己从五岁起就不喜欢粉色，但从那天起，她的每次赶海拾荒之旅都在寻找粉色胶粒，但这种颗粒并不好找。最近，我们俩在楼下厕所的地板上到处摸索着，想找出她之前发现并很快就丢失的那颗粉色胶粒。她把自己淘来的宝贝装在盒子和罐子里，里面的东西已经满得要溢出来了，所以，每当我要走进她的卧室时，我的心情在愤怒和满意之间摇摆，愤怒是因为觉得房间太乱了，满意则是因为女儿已经完全继承了家族的拾荒基因。

今天，海滩上的碎片实在太小，我不得不戴着放大镜蹲在其 192
中寻找。和往常一样，我先从远端有条不紊地开始搜索。与胶粒不同的是，大部分碎片已变得无法辨认。这些年来，对于某些反复出现的破损物品，我逐渐能辨认出它们在磨损和破碎阶段的各种形态。那天，我最先发现的物品包括一枚卷发器别针的末端、气球嘴的色环、几块来自“聪明豆”的旧糖果筒盖子碎片（带字母的塑料盖很受海滩拾荒者的欢迎，因为该产品已经在2005年停产。不过，最珍贵的还是带“英制”字样的大盖子，它们可以追溯到20世纪50年代至70年代，当时，英国的“聪明豆”筒盖尺寸从英制向公制转换）。

横跨惠特桑德湾之旅走到一半路程的时候，我还发现了用来纪念两次世界大战死难者的几朵人造罂粟花的绿色球状根茎。这些东西在海滩上也很常见，我已经把一些人造罂粟花中心的黑色纽扣装进了袋子里。我从罗布那里了解到，这些人造罂粟花在某种程度上也可以确定日期，因为近代人造罂粟花上印有“人造罂粟花基金会”（Poppy Fund）字样。今天找到的人造罂粟花上印着“海格基金会”（Haig Fund），说明它是在1994年之前制造的。最早期的人造罂粟花自1921年开始销售，花瓣是布料的，花茎则用带铁丝制成，然后再用金属纽扣把两者扣在一起；后来，金属纽扣换成了沥青纽扣。然而，到了1967年，所有材料都被塑料取代。换言之，我捡到的“海格基金会”纽扣已经有25年到50年历史了。

经过一小时左右的仔细搜索之后，我找到了不少东西，其中一样是纸带喷射器，表面带有鱼的咬痕，非常独特；另一样则是一匹中空的玩具马，它的两侧有孔，很像20世纪70年代的牛仔和印第安人骑的马；还有一样物品是一片黑色的万圣节塑料指甲，看起来相对较新。我还找到了两颗褪色的波普（Pop-it）塑料珠子，20世纪50年代和60年代，这种珠子很流行。它们靠卡扣连接在一起，形成一条项链，看上去就像一串塑料珍珠（最近，我给我母亲看了一颗这样的珠子，她立马就认出来了）。

193 不过，当天我找到的最好的东西是一座绿色的“大富翁”（Monopoly）玩具屋。我家里还有六座这样的玩具屋，以及一座红色玩具酒店。我注意到它们之间有着很细微的差异，顿时对这款棋盘游戏的历史产生了好奇心。我把它们放在厨房的桌子上，发现它们的绿色深浅各异（把海水浸泡导致的褪色也考虑在内），有些是平房，有些房子则有悬挑的屋顶，而其中四座房子没有烟囱。当然了，其实有些收藏家对“大富翁”的历史早已了如指掌。家喻户晓的伦敦“大富翁”棋盘游戏于1936年首次发售，它的绿色小房子是木制的。1938年，一款特别版的“大富翁”主打胶木房屋，但在20世纪50年代以前，它的大多数房子仍是木制的。20世纪60年代，房子的材质变成了塑料；而到了70年代，房子出现了悬挑的屋顶；到80年代，又有了烟囱。自然而然地，我花了一段时间才把捡来的“大富翁”房子按年代顺序进行排列，然后查看电脑，寻找到目前为止最新的版本。最新版本叫“大富翁之企业王国”（Monopoly Empire），该版本的玩家无须收集房子，而是收集Nerf、李维斯（Levis）、变形金刚（Transformers）、维珍（Virgin）等品牌的广告牌，并用它们装满一座塑料塔，而它的金色塑料代金券包括一只可口可乐瓶、一盒麦当劳（McDonald's）薯条和一副Xbox360手柄。

我穿过一堆堆塑料微粒，匀速向海滩走去。随着发现的东西越来越小，我只能用放大镜去看。走到第三个海湾的时候，我还捡到了来自某个婴儿玩具的半只胳膊、两片塑料叶子和一个玩具士兵的膝盖。从成千上万无明显特征的碎片中，我还挑选了一些与“渍无踪”相同的亮粉色碎片，以备不时之需。

不过，很多碎片都很小，我几乎看不到它们。在海上漂浮时，194
塑料在阳光的照射下脆化，然后被海浪撕成碎片，我无法分辨出这些小碎片曾经是什么物品。未来几百年甚至几千年里，它们只会继续分解成越来越小的碎片。如今许多科学家认为，塑料永远不会完全消失（我们现在知道，直径不到十亿分之一的纳米塑料可以穿透鱼的大脑和胚胎壁）。现在有一点也很明显：在海洋环境中，塑料并非人们印象中的惰性材料。塑料对野生物种的伤害往往是毁灭性的，且这种伤害远不如海洋动物被渔网缠绕而死或海鸟因吞食太多塑料而饿死那么明显。塑料添加剂正是造成这个问题的元凶之一。塑料添加剂包括了阻燃剂、染色剂和杀真菌剂，这些化学物质可增强塑料的硬度或柔韧度，或增加其防水性、强度或光泽度。上述添加剂通常未经过测试，当塑料解体时，它们会渗透到水中，或进入那些吞食塑料的生物体组织中。其中一些化学物质进入体内后，就会影响生物体的激素水平、生长发育和行为方式，还会破坏免疫系统，并导致不孕不育。例如，邻苯二甲酸盐可作为增塑剂，用于软化从聚氯乙烯浴帘、食品包装到儿童玩具在内的各种塑料，但它也会降低雄性激素，使雄性生物变得雌性化。

海洋塑料还会扮演厨房水槽的角色，吸引附着在海水表面、四处漂浮的化学毒素，其毒素浓度可能是周围海水的100万倍。除了持久停留在海洋表面的有害污染物以外，这些有毒物质还包括杀虫剂、化肥、被冲进下水道的药物和清洁用品。事实证明，上述物质会影响海洋生物的免疫力、生育能力和生长发育。随着塑料继续分解，其表面积不断增大，这反过来又会吸引更多化学毒素。

塑料碎片化还意味着非常小的生物也可以吸收这些塑料颗粒。我走到一块露出地面的岩石旁，绕过岩石，来到下一个海湾，那里有大量蓝色贻贝聚集在岩石上。与磷虾和蓝鲸等其他很多海洋生物一样，这些贻贝都是滤食性生物。当潮水上涨时，它们打开贝壳，通过鳃吸水，过滤掉悬浮的食物颗粒。通过这种方式，一只贻贝每天可以过滤多达20升海水，这导致它们很容易摄入漂浮在水中的塑料微粒。英国的一项研究发现，在受检测的贻贝中，60%含有塑料微粒，而在英国东南部的部分地区，这一比例高达80%（如果把棉花和人造纤维丝等其他碎片包括在内的话，该比例上升到100%）。到目前为止，科学家在任何地方找到的贻贝种群都含有塑料，即使是在看似一尘不染的北极水域。

如今还有大量的证据表明，海洋食物链的最底层生物也摄入 195
了塑料。我看过浮游生物科学家理查德·柯比博士（Dr. Richard Kirby）拍摄的一些摄人心魄的照片。理查德住在几英里外的普利茅斯海岸，他取了几滴当地的海水，放在显微镜下观察，这些水滴顿时变成了明亮的另类世界，充满浮游生物如玻璃般光滑的轮廓。近年来，他拍摄的很多浮游生物样本中也含有塑料微粒。第一份样本中，浮游生物被困在人工合成的微纤维中；第二份样本中，一团纤维被一只栉水母黏稠的触须抓住，这些纤维可能来自人工合成的布料、降解的钓绳或海水冲刷过的湿巾；第三份样本中，一根纤维被一条微小的箭虫吞噬，在箭虫透明的体内，无机质的纤维清晰可见。那是一条呈环状的黑线，完全阻塞了箭虫的肠道。

由于浮游生物是许多鱼类和其他海洋生物的主食，所以，它也成为塑料及其毒素向食物链上游移动的另一种方式。有关普利茅斯的另一项研究表明，如今，英国所捕获的鱼类当中，三分之一含有塑料。相关的毒素还会积聚在海豹、海豚、鲸鱼、北极熊等高级捕食者的身体组织中，会影响动物的器官功能、生长和发育。令人不安的是，这些毒素还可以通过母乳传递给动物幼崽。

到达下一个小海湾后，我坐下来检查自己找到的东西。和那 196
年冬天数次造访这里时一样，我发现了几个玩具汽车的轮子、几颗看起来能以假乱真的灰色塑料“鹅卵石”，还有几支圆珠笔的笔帽和笔尖。我又认出了一些无处不在的比克水晶系列（Cristal）圆珠笔的笔帽。2006年，比克公司庆祝其圆珠笔产量达到1000亿支，然而，如往常一样，我没有在海湾看到任何熟悉的透明塑料笔管，原因在于这些笔管是由固体聚苯乙烯制成的，而固体聚苯乙烯不会浮在海面上；相反，密度较大的塑料笔管会沉入海底，而海洋中半数以上的塑料都是如此。

最终，海底是其他大部分塑料的归宿。随着塑料继续分解成微粒和纳米级的颗粒，其中大部分颗粒终将沉入海底。因此，塑料及其携带的毒素无可避免地出现在海底的生物体内。研究人员从螃蟹身上提取到了塑料微珠、对海蚯蚓造成伤害的相关毒素，甚至还在加拿大沿海捕获的龙虾钳子上发现了百事可乐（Pepsi）的蓝白色标志，也不知道这个标志是如何印上去的。近年来，人们在海洋生物的胃部、组织和器官中都发现了塑料，有些塑料还卡在鱼鳃里。

人工合成纤维甚至出现在世界各大洋最深处的生物体内，包括海面以下近七英里的马里亚纳海沟（Mariana Trench）中的生物。在一项研究中，科研人员从每一种被测试的甲壳类动物的胃部或肌肉中都发现了人造碎片，包括尼龙、乙烯聚合物和我们最常见的一次性塑料聚乙烯。也许泰晤士河不再是19世纪那条散发出浓烈恶臭的“冥河”，但英国的塑料垃圾及其相关毒素如今已出现在世界各地的河流和海洋中。

在2013年播出的纪录片《塑料海洋》（*A Plastic Ocean*）中，深海潜水器拍摄到了一组照片，显示出地中海海面以下一英里半的海底状况。在那些黑暗、静止的水域，潜水器的灯光掠过一片怪异的海底，那里犹如月球表面，覆盖着一层柔软的、科学家所谓的“海雪”。微小的颗粒飘落海底，在海床沉积下来，这一过程持续了数亿年。除了常见的沉积物和有机残余物之外，海雪的成分还包含人工合成塑料的微小碎片。和以往一样，在那些年代久远的雪状漂浮物中，出现了许多我们熟悉的物品形状，比如塑料饮料瓶、酸奶罐、购物袋和一次性杯子等，令人震惊不已。在深邃、平静、冰冷的海底，在永恒的黑暗中，我们的垃圾无处可去，只能慢慢积聚。

潜水器拍摄的漂浮沉积物照片让我想起了化石。那些已灭绝 197
的生物残骸以大致相同的方式逐渐沉淀在古代海洋和河口底部，并被后续沉积物的重量埋在下面。渐渐地，随着矿物质向下渗透，附着在某块脊椎骨、菊石、鲨鱼牙齿或者我时常在谢佩岛发现的船虫管状洞穴上，形成了完美的复制品，并最终成为微迹化石。微迹化石与真正的化石不同，后者是活的有机体留下的化石残骸，而微迹化石是生物留下的印记，这些印记要么是洞穴或小孔，要么是脚印或齿痕，它们为我们了解某种已长期灭绝物种的生活和行为方式提供了丰富的线索。

所以，我不禁对那些躺在海底的圆珠笔笔管、没有轮子的汽车、塑料饮料瓶以及我们所丢弃的所有垃圾感到好奇。数千万年后，只有一小部分垃圾会以微迹化石的形态保存下来，有时它们也被称为“技术化石”。由于我们的许多旧垃圾场和垃圾填埋场都位于沿海地带和低洼河口，当海平面上升时，它们将是最先被淹没的地方，所以，它们也将是最底层的沉积物。对于试图从一圈岩石的痕迹中拼凑出久远历史的未来古生物学家来说，这些技术化石将会透露出我们生活方式的哪些信息？

如今，在我们日常生活中，废旧产品的淘汰速度越来越快。从洗衣机、沙发到智能手机和未得到充分利用的厨房设备，家用产品的置换成本远低于维修成本。这些产品彻底改变了我们的生活，使一切变得更加轻松。然而，这之所以成为现实，是因为它们的真实成本没有反映在价格标签中。

198 由于大量产品由其他国家代工生产，所以，英国人往往忽视了产品给原材料和环境带来的负担（例如：虽然进口商品是为英国生产的，但其相关碳排放量并没有出现在英国的统计数据中）。这些产品仿佛凭空出现，远渡重洋到达我们国家，短暂地存在于我们的生活当中，然后被迅速送入垃圾流中。产品的这段“单程旅行”不为人所见，因此，它们的原材料价值很难体现出来。相应地，我们仿佛觉得这些宝贵的资源取之不尽、用之不竭似的，越来越肆无忌惮地浪费它们。

挥霍浪费、过度消费、对化石燃料的持续依赖、使用廉价的一次性塑料，所有这些因素紧密地结合在一起。如今，几乎所有塑料都来自化石燃料开采过程中的副产品，许多化工企业同时参与到石油化工和原生塑料树脂的生产当中，比如壳牌和埃克森美孚（Exxon Mobil）等公司（美国目前方兴未艾的液压破碎法开采油气的热潮带来了价格更低廉的树脂，对于新型塑料生产设施的投资也急剧增加，这只会推动未来塑料产品的增长）。

当然，事实证明，塑料的消费是有限度的，只不过我们要过了一段时间以后，才能真正了解塑料消费的真正代价和后果。其中，我们最难以面对的后果就是气候变化。数十年来，我们逐渐了解到，人类对化石燃料的依赖正对地球的气候产生影响。早在20世纪90年代，政策制定者就开始对“危险”气温设定临界值，若全球气温比工业化前的气温高出二摄氏度，则属于“危险”气候。在写这本书的时候，实际气温已经比边界值高出一摄氏度了。如今，人们广泛认为二摄氏度的阈值是一个临界点，气温任何进一步的上升都会触发恶性循环。若高于二摄氏度，则北极的冰山就会减少，冰块反射的太阳热量也会减少，而像永久冻土这样的天然碳汇将开始释放其储存的大量二氧化碳。气候模型显示，这会导致失控增暖，而且该过程是不可逆的。

气候变化已成为一个政治话题。围绕着这一学科，各种混乱 199
的说法甚嚣尘上。在21世纪的头10年里，民众对于气候变化的认知迅速提高。越来越多的人开始接受气候变化的因果关系，以及从化石燃料向可再生能源转化的必要性。但是，随着2008年国际金融危机的到来，媒体闭口不提气候变化问题，让人觉得这个问题变得不再紧迫。从那时起，我们减少碳排放的努力一直不温不火，很多目标可能无法达成。在我写作本书期间，美国已经宣布退出《巴黎协定》（*Paris Agreement*）。该协定签署于2016年，目标是在21世纪末将全球气温上升幅度保持在二摄氏度以下。

但是，我们不仅没有摆脱对石油、煤炭和天然气的依赖，让碳安全地留在地下，反而推行风险更高、污染更严重的新式油气开采方法，比如液压破裂法、油砂开采、深海钻探和北极钻探等。气候变化导致冰川消退，然而，人类只是从中发现了新的探索领域。

如今，气候科学家们认为，到2100年，我们“几乎不可能”保持在二摄氏度的阈值范围。最近的气候模型表明，气候变化更有可能超过三摄氏度，而反馈回路将使气温上升固定在四摄氏度。

气温无论上升二摄氏度还是四摄氏度，听起来似乎都不算高，尤其是对于我们这些生活在北纬地区的人来说。然而，现实情况截然不同。气温上升四摄氏度后，融化的冰原和热膨胀将导致海平面上升数米，这就意味着世界主要城市被海水淹没；全球范围内的极端天气事件将会大幅增加，比如毁灭性的风暴和巨浪、干旱、飓风和热浪；土地沙漠化和水资源紧缺现象将急剧增加。整个地球生态系统和大约六分之一的物种将会消失（自20世纪70年代以来，人类活动已经消灭了世界上60%的哺乳动物、鸟类、鱼类和爬行动物）。我们还将失去大片可耕地。世界上某些地区受到的影响将比其他地区更严重，它们通常是对气候变化肩负最少责任的发展中国家。尽管如此，耕地资源减少所带来的影响将是全球性的。数百万流离失所的难民将给各地的人口带来压力、加深分歧、引发大规模的社会动荡。正如世界银行所说的那样，“我们无法确定人类能否适应全球气温上升四摄氏度”。乔治·马歇尔（George Marshall）在他2015年出版的《视若不见：为何我们会有意识地忽视气候变化》（*Don't Even Think About It: Why Our Brains Are Wired to Ignore Climate Change*）中称，气候科学家以“四摄氏度”这个词作为环境、社会和经济崩溃的缩写。

如今，人们已经确信地球气温会上升四摄氏度，只是无法确定这个过程需要多长时间。随着新数据和气候建模技术的出现，科学家们的预测也在不断变化，气温上升的日期也变得越来越近。每一年，气候学家给出越来越清晰和明确的警告。世界人口快速增长，英国人高能耗、高消费的生活方式不断输出到全球各地，我们再也不能像现在这样继续下去了。最近一些气候模型预测，若无法实现大幅减排，到21世纪末甚至是在此之前，地球气温将会上升四摄氏度。换言之，这一幕会在我孩子的有生之年发生。

所以，我们怎么能忽略这个问题呢？对科学知识越了解，就越令人感到不安。像大多数政治圈的人一样，我也意识到了气候变化问题，但对很多细节仍然了解得不多。随着气候问题政治化，诸多未知因素使气候变化也成为一种复杂且前所未有的威胁，而要解决这个难题，需要全球各地大多数人同心协力。众所周知，在行为学研究中，让不同陌生人群体进行合作是件很难的事情，尤其是在使用共享资源方面。50年前，生态学家加勒特·哈丁（Garret Harding）以19世纪英国的牲畜放牧业为例，把这种现象描述为“公地悲剧”：看到别人占有更多资源后，我们通常的反应是做同样的事情。然而，这意味着到头来我们所有人都成为输家。

除了无能为力，大多数人也不太想承担自己的责任，比如质疑 201
自己的价值观和生活方式。我们承受着来自社会的压力，要遵守身边的各种社会规范，而高消费的生活方式如今已成为体现我们个人身份的重要组成部分。因此，到目前为止，我们更希望将气候变化问题留给子孙后代去解决，如此一来，我们就无须迅速采取行动来放弃我们的短期利益——我们选举出来的政客也是这种心态。

视若无睹是我们最常见的反应。即使气候变化真的来临，逃避这个话题也是再容易不过的事情，比如切换电视频道、不去看关于气候变化的文章或链接。我们只是短暂关注一下气候变化问题，然后将其抛诸脑后，因为我们大多数人都不知道气候变化的细节。我们淡化了威胁，让它产生距离感，并幻想着某些技术解决方案会来拯救我们。我们还善于寻找各种方法来减轻自己的责任，为自己铺张浪费的行为或高能耗的生活方式开脱，并夸大某些积极措施的好处（回收垃圾措施让我们感觉良好，仿佛这样就能免除我们在其他领域的责任，比如旅行时产生的垃圾）。

上述种种做法让我们像往常一样心安理得，形成所谓的“旁观者效应”。有时候，这种效应是全球化的，每个人都在观望，等待其他人先采取行动。气候变化是否真的会发生？人为的碳排放是否为气候变化的元凶？经过几十年的争论，我们已经损失了大量时间。20世纪90年代，人们认为气候变化是曾孙辈要考虑的问题；而现在，受影响的将是我们自己的孩子。科学家们依旧告诉我们，由于没有及时采取有意义的行动来纠正我们的挥霍浪费行为，并且人类没有摆脱对化石燃料的依赖，所以我们已经失去了缓慢改变现状的机会。如果不作出彻底变革，我们的孩子将要承担气候失控所造成的后果。

202 在如此重大的问题面前，我们不能只是绝望地举手投降，这不是我们应有的反应，而应该切切实实地在自己的日常生活中做出改变，比如放弃一定程度的便利性、减少乘坐飞机的次数、避免使用不必要的包装和一次性产品。但是，最重要的是，我们要作出系统性的改变。

要解决这些复杂、紧迫和紧密相连的危机，需要发挥人类的创造力和智慧，这种创造力和智慧不仅推动了工业革命时期的创新活动，也推动了复杂的消费心理学的形成，使人类达到如今的高度。至关重要的是，我们要大幅减少碳排放，改用可再生能源，把碳留在地下；我们还要重新思考产品的整个设计和制造流程，把产品的全部生命周期考虑在内，使资源得到重视，尽量减少浪费。当产品设计兼顾可重复利用、修理、回收或再制造等环节时，产品的原材料就可以被回收或持续使用，而不是进入垃圾填埋场、焚化炉或我们的海洋。为此，我们要从目前的“索取、制造、浪费”的单向系统转向一种环形的、更接近自然的系统。鼓励人们朝这个方向发展的办法之一就是“扩大制造商的责任范围”，即制造商亲自或出资回收、再利用或回购旧产品（该计划特别适用于电子垃圾，因其含有大量有毒物质）。通过有计划地把垃圾清除出系统，我们得以长时间地使用资源，从它们身上获取最大价值。

然而，要实现规模化的转变，我们必须通过抗议活动和选民手里的选票向企业和政府施压，让政府和企业知道民众现在就需要改变，而不是等到遥不可及的未来。唯有如此，变化才会到来。

我背着装满塑料的袋子绕过更多岩石，袋子里的东西和我从 203
泰晤士河拖回来的几个世纪前的物品有着天壤之别。过去一年里，我在泰晤士河发现的物品越堆越多，可到了冬天，它们全部被塑料所淹没。我心里突然产生一种莫名的感觉。长久以来，我一直在研究英国的垃圾及其对不同时代的英国人所造成的影响，可当我意识到如此巨大的变化是在如此短的时间内发生的，就越来越感到不安。如果我的外公活到今天，看到我们垃圾箱里的东西，他肯定会觉得非常惊讶，更不用说早他几代的清洁工了。从数千年前到20世纪50年代的繁荣时期，英国人扔掉的垃圾几乎没什么变化，包括破碎的陶器和玻璃、火灾产生的灰烬、骨头和贝壳等食物残渣。这些都是简单的原材料，过了一段时间，它们就会分解并回归地球。然而，如今我们生活中使用的产品往往是如此复杂，其原材料永远无法回收再利用。从我母亲那代人开始，我们已经形成了真正的“一次性物品”文化，肆无忌惮地挥霍着地球的资源。

我已经预见下一个海湾会到处都是塑料。我突然厌倦了这一切，于是停下了脚步。在这片海滩上，我曾有过这种感觉，而且往往是走到这个地方的时候。塑料实在太多了，多到我不忍心再看下去。我转过身，朝大海方向走去，迎接即将到来的潮水。

204 上周末，我和母亲坐在厨房的餐桌前喝茶。我们先浏览了一番橱柜里的一些新藏品，然后开始谈论近年来人们对一次性塑料态度上的转变。这种转变也是媒体所说的“蓝色星球效应”（Blue Planet Effect）的一部分。《蓝色星球》是英国的一档纪录片剧集，其最后一集着重探讨了人类对海洋的影响，内容极具感染力。接下来的几个月里，人们组织了各种各样的活动，比如塑料瓶押金退还计划、禁止使用棉签和塑料吸管运动等（那年冬天，我在海滩上看到了很多塑料瓶、棉签和塑料吸管）。在我居住的社区，当地居民和企业也聚在一起，讨论如何降低他们对一次性塑料的依赖性。我发现，塑料这个话题开始出现在很多人的闲谈中，而他们此前从未谈论过它。在当时，这是一件我没有认真思考过的事情。看到周围的人很关心环境问题，并身体力行地做出改变，对我来说是一种强大的动力。相互扶持和齐心协力能让我们不再感到孤立无援和无能为力，也不再担心自己的努力无法对别人产生积极影响。那年年底，《柯林斯词典》（*Collins Dictionary*）把“一次性”列为“年度热门词汇”（Word of the Year），因其词义涵盖了“一场消除我们对一次性产品依赖性的全球化运动”。

这似乎是一个重大转变。我希望，通过增强个人环保意识，我能够影响到其他人，促使更广泛的人群关注迫在眉睫的气候变化问题。自我开始写这本书以来，这样的事情便反复发生着。早上6点，收音机里的头条新闻常让我震惊，我听到的要么是关于冰盖融化的最新报道，要么是科学家们发出严峻警告，称地球留给人类的时间已经不多了，我们必须要作出改变。我想，这样的信息正是我们所需要的，它能够引起所有人的注意。然而，实际情况屡次令人失望，正如美国国家航空航天局（NASA）的科学家凯特·马弗尔（Kate Marvel）所说的那样，“每当谈及气候变化时，我们有时会认为，只要再展示一个图表或再提出一个更条理分明的论点，人们的观念就会得到改变，然而事与愿违。就算再多的事实，也无法改变人们的观念，而即使新观念深入人心，也不一定能影响他们的行为”。

我和母亲坐在厨房餐桌旁，开始谈论这件事情。我向她讲述 205
了自己去年如何在内心与这些严峻的问题做斗争，又是如何在悲观、沮丧、希望和绝望之间来回摇摆的。然后，不知不觉中，我提到了人们对环保问题无动于衷所带来的严重后果。我滔滔不绝地讲了半天，她突然目光转向别处，深深地叹了口气，显得厌倦、沮丧和不自在。

“我很高兴……”她说，但欲言又止。她不知道该说些什么。

这个话题实在太大、太令人不安了，我们之间有着很大的隔阂。我觉得我知道她想说什么。母亲已经75岁了，对她这代人来说，环境已经不是他们需要担心的问题，这反而让她有一种解脱感。

这时候，我正在上中学的女儿走进厨房，她显得心烦意乱，四处找吃的。早在她读小学的时候，老师就以清晰、简单的学科用语告诉他们什么是气候变化。几年前，她回到家里，向我描述了他们那天学到的东西。我由衷地赞同她的说法，而她也仔细聆听了我的观点。

她说："那我们为什么要开燃油车呢？"我开始回答她的问题。现在，我已经不记得具体的答案是什么了，只记得我也欲言又止，因为我意识到自己的理由听起来非常空洞。

与我们这代人相比，她这代人从小就知道我们的挥霍浪费行为所造成的后果。所以，我们可以看到，他们才是未来的希望所在。他们拥有充分的知识和动力来作出必要的改变。但是，我们的时间已经不多了。他们这代人也出生在人类最贪图安逸和便利的时代，他们所熟知的是一个无限增长的世界，只需点击一下鼠标，任何东西都可以通过幽灵般的集装箱货船从遥远的大陆来到身边，并通过看不见的配送中心进入我们的生活，然后迅速被清洁工运走，永远被我们遗忘。

在惠特桑德湾，潮水以不易觉察的速度漫过了几乎平坦的沙滩。我匆匆穿过浅滩，爬过岩石，最终到达我出发的那个小海湾。此时，绵延数英里的沙滩都消失了。

206 我在那里又停留了半个小时，坐看浪花触碰到海滨线的最低处。第一波海浪只是把塑料微粒往海滩上推高了一点。然而，似乎就在瞬息之间，第二波海浪接踵而来，把塑料微粒重新变成了一锅“塑料汤”。我站起身来，手里提着几袋垃圾。在20世纪的消费热潮中，我们忽视了“消费”这个词本身最关键的含义，即“把有限的资源消耗殆尽”。

致　谢

我要由衷感谢马克·理查兹（Mark Richards）。马克是一位优秀的编辑和出版商，在本书的写作过程中，他帮我拓宽了时间和空间，梳理了初稿中的措辞和观点，使其更清晰易懂。我还要感谢阿比盖尔·斯克鲁比（Abigail Scruby）和威尔·阿特金斯（Will Atkins）出色的编辑整理和文稿编辑工作，感谢特蕾西·瓦茨（Tracy Watts）为本书绘制了地图，还要感谢卡罗琳·韦斯特摩尔（Caroline Westmore）和约翰·默里出版公司团队的其他成员。

本书的写作时间长达九个月，而它尚未创作完成，就获得了英国皇家文学学会“贾尔斯·圣奥宾非小说类作品奖”（Royal Society of Literature Giles St. Aubyn Award for Non-Fiction）。从很多方面来说，该奖项给了我极大的支持（尤其是那年冬天我用奖金买的加热器）。我要感谢所有相关人士，包括英国皇家文学学会的工作人员、评委和圣奥宾家族，特别是菲奥娜·圣奥宾（Fiona St. Aubyn）对本书倾注了极大的热情。也正是通过这个奖项，我认识了另一名获奖者乔·乔利（Jo Jolly），他对我的支持和鼓励都是无价的。

我要特别感谢那些帮我审阅了初稿和各章节内容的朋友，

他们表达了自己的观点，并给了我急需的鼓励。这些朋友包括罗布·阿诺德（Rob Arnold）、帕梅拉·迪林（Pamela Dearing）、理查德·考恩（Richard Cowen）、特莎·杰克逊（Tessa Jackson）、苏·洛德（Sue Lord）、艾米莉亚·怀斯（Amelia Wise）、克莱尔·沃勒斯坦（Claire Wallerstein）、苏·哈姆斯（Sue Harmes）、曼迪·沃克（Mandy Walker）和我母亲。

我还要感谢伦敦博物馆的文物联络官斯图亚特·怀亚特（Stuart Wyatt）、罗杰·贝茨（Roger Betts）、基思·罗宾逊（Keith Robinson）、特蕾西·威廉姆斯（Tracey Williams）、马尔科姆·罗素（Malcolm Russell）、莫妮卡·巴特林-史密斯（Monika Buttling-Smith）、戴夫·阿特金（Dave Atkin）、教堂门楼博物馆（Minster Gatehouse Museum）的莉娜·克劳德（Lena Crowder）和克里斯·奈特（Chris Knight）等慷慨无私的人士，他们花费很多时间给我普及了相关的知识。

延伸阅读书目

Ackroyd, Peter, *London: The Biography* (Vintage, 2001) , *Thames: Sacred River* (Vintage, 2008)

Ashton, Rosemary, *One Hot Summer: Dickens, Darwin, Disraeli and the Great Stink of 1858* (Yale University Press, 2018)

Ayre, Julian, and Wroe-Brown, Robin, *The London Millennium Bridge: Excavation of the Medieval and Later Waterfronts at Peter's Hill, City of London, and Bankside, Southwark* (Museum of London Archaeology, 2002)

Barton, Nicholas, *The Lost Rivers of London: A Study of Their Effects Upon London and Londoners, and the Effects of London and Londoners on Them* (Historical Publications, 1992)

Bunker, Francis, *Seaweeds of Britain and Ireland* (Wild Nature Press, 2017)

Carson, Rachel, *The Sea Around Us trilogy*, (Unicorn Press, 2014; orig. 1941, 1950, 1955) , *The Edge of the Sea*, (Unicorn Press, 2015; orig. 1955)

Cohen, Nathalie, and Wragg, Elliott, *The River's Tale: Archaeology on the Thames Foreshore in Greater London* (Museum of London Archaeology, 2017)

Conrad, Joseph, *The Mirror of the Sea* (Nature Classics Library, 2013; orig. 1906)

Dee, Tim, *Landfill* (Little Toller Books, 2018)

Diamond, Jared, *Guns, Germs and Steel: A Short History of Everybody For the Last 13,000 Years* (Vintage, 1998)

Dickens, Charles, *Our Mutual Friend* (Penguin, 1997; orig. 1865) , Dickens's Dictionary of London, 1879

Ebbesmeyer, Curtis, and Scigliano, Eric, *Flotsametrics and the Floating World: How One Man's Obsession with Runaway Sneakers and Rubber Ducks Revolutionized Ocean Science* (Harper Perennial, 2010)

Fletcher, Edward, *Bottle Collecting* (Blandford Press, 1972)

Fort, Tom, *The Book of Eels: On the Trail of the Thin-Heads* (HarperCollins, 2003)

Freinkel, Susan, *Plastic: A Toxic Love Story* (Houghton Mifflin Harcourt, 2011)

George, Rose, *Deep Sea and Foreign Going Inside Shipping, the Invisible Industry that Brings You 90% of Everything* (Portobello Books, 2014)

Girling, Richard, *Rubbish! Dirt on Our Hands and Crisis Ahead* (Eden Project, 2005) , *Sea Change: Britain's Coastal Catastrophe* (Eden Project, 2012)

Grose, Francis, *1811 Dictionary of the Vulgar Tongue*

(CreateSpace, 2012)

Hoare, Philip, *The Sea Inside* (Fourth Estate, 2014)

Hone, Donovan, *Moby-Duck: The True Story of 28,800 Bath Toys Lost at Sea* (Union Books, 2012)

Hounsell, Peter, *London's Rubbish: Two Centuries of Dirt, Dust and Disease in the Metropolis* (Amberley, 2013)

Jackson, Lee, *Dirty Old London: The Victorian Fight Against Filth* (Yale University Press, 2015)

Johnson, Steven, *The Ghost Map: A Street, an Epidemic and the Hidden Power of Urban Networks* (Penguin, 2008)

Klein, Naomi, *This Changes Everything: Capitalism vs. the Climate* (Penguin, 2015)

Kolbert, Elizabeth, *Field Notes from a Catastrophe: Man, Nature, and Climate Change* (Bloomsbury USA, 2015) , *The Sixth Extinction: An Unnatural History* (Bloomsbury, 2015)

Leonard, Annie, *The Story of Stuff: The Impact of Overconsumption on the Planet, Our Communities and Our Health – And How We Can Make It Better* (Simon & Schuster, 2011)

Lewis, Simon, and Maslin, Mark A., *The Human Planet: How We Created the Anthropocene* (Pelican, 2018)

Licence, Tom, *What the Victorians Threw Away* (Oxbow Books, 2015)

Lichtenstein, Rachel, *Estuary: Out From London to the Sea* (Penguin, 2017)

Maiklem, Lara, *Mudlarking: Lost and Found on the River Thames* (Bloomsbury, 2019)

Marshall, George, *Don't Even Think About It: Why Our Brains Are Wired to Ignore Climate Change* (Bloomsbury USA, 2015)

Mayhew, Henry, *London Labour and the London Poor* (Wordsworth Classics, 2008; orig. 1851)

Minter, Adam, *Junkyard Planet: Travels in the Billion-Dollar Trash Trade* (Bloomsbury, 2014)

Monbiot, George, *Heat: How We Can Stop the Planet Burning* (Penguin, 2007)

Moore, Charles, *Plastic Ocean: How a Sea Captain's Chance Discovery Launched a Determined Quest to Save the Oceans* (Avery Publishing, 2012)

Morris, Ian, *Why the West Rules – For Now: The Patterns of History and What They Reveal About the Future* (Profile, 2011)

Nagle, Robin, *Picking Up: On the Streets and Behind the Trucks with the Sanitation Workers of New York City* (Farrar, Straus & Giroux, 2014)

Nicolson, Adam, *The Seabird's Cry: The Lives and Loves of Puffins, Gannets and Other Ocean Voyagers* (William Collins, 2018)

Parker, Matthew, *The Sugar Barons: Family, Corruption, Empire and War* (Windmill Books, 2012)

Rathje, William, and Murphey, Cullen, *Rubbish! The Archaeology of Garbage* (HarperCollins Australia, 1992)

Roberts, Callum, *Ocean of Life: The Fate of Man and the Sea* (Penguin, 2013)

Rogers, Heather, *Gone Tomorrow: The Hidden Life of Garbage* (New Press, 2005)

Sandling, Ted, *London in Fragments: A Mudlark's Treasures* (Frances Lincoln, 2016)

Slade, Giles, *Made to Break: Technology and Obsolescence in America* (Harvard University Press, 2007)

Sprackland, Jean, *Strands: A Year of Discoveries on the Beach* (Vintage, 2013)

Stevens, Pauline, *Lower Halstow: The Story of a Village in Kent* (Pauline Stevens, 1999)

Strasser, Susan, *Waste and Want: A Social History of Trash* (Holt McDougal, 2000)

Talling, Paul, *London's Lost Rivers* (Random House, 2011)

Trentmann, Frank, *Empire of Things: How We Became a World of Consumers, From the Fifteenth Century to the Twenty-First* (Penguin, 2016)

Trewhella, Steve, and Hatcher, Julie, *The Essential Guide to Beachcombing and the Strandline* (Wild Nature Press, 2015)

Vance, Gaia, *Adventures in the Anthropocene: A Journey to the Heart of the Planet We Made* (Vintage, 2016)

Wilde, Oscar, *The Picture of Dorian Gray* (Penguin, 2003; orig. 1891)